食卓から覗く
中華世界とイスラーム

福建のフィールドノートから

砂井紫里
SAI
Yukari

● もくじ

第1章　食事を考える枠組み……5
ある食卓の風景から…………6
食事を考える枠組み…………15

第2章　食事の背景……19
「熱い食べ物」と「冷たい食べ物」…………20
イスラームと食…………21
食材：菜市場を歩く…………23
調味料・道具：台所の風景…………29

第3章　食の風景……33
1. 家での食事…………34
家族の食卓…………34
朝食…………41
昼食…………45
夕食…………50
間食（零食）…………57
茶を飲む…………62
誕生日…………63
普渡…………66
婚約と結婚…………70

2. 信仰の場所での食事………72
観音廟………72
清真寺：金曜礼拝………74
清真寺：ラマダーン：毎日の日没後の食事………81
清真寺：ラマダーン明けの祭日………87
祠堂：ラマダーン明けの祭日………90

3. 料理店での食事………97
誕生日………97
清真料理………100
ハラール外国料理………103

あとがき………106
主要参考文献………110

第 1 章

食事を考える枠組み

ある食卓の風景から

時　　2002年11月24日　斎月（ラマダーン[1]、断食月）
　　　日没後

場所　福建省晋江市陳埭清真寺[2]
　　　教長楼1階、ドアは開放
　　　長机、背もたれ付き長椅子、プラスチック製腰掛け

料理　1．炒めた骨付き鶏肉
　　　2．ピーマンと羊肉炒め
　　　3．ニンニクの芽と羊肉炒め
　　　4．トマトとタマゴ炒め
　　　5．豆腐の炒め煮
　　　6．白菜炒め
　　　7．魚のあんかけ

配膳と食具
　●料理はそれぞれ大皿に盛る。
　●個人の手元には、箸、白ごはんを盛った碗。
　●取り箸なし。匙は水分の多い料理をすくったり、タレをごはんにかけるのに用いる。スープ（湯）がある場合には直接口に運んだりする（共有）。
　●魚や肉の骨は、机の上にそのまま置く。食べ終わったら、箸をすべらせて空になったごはん碗に落とし、流しに片付ける。

参加者　1．李アホン[3]（男性、1976年生まれ、当時26歳、内モンゴル出身、既婚）
　　　　2．向陽（女性、1978年生まれ、当時24歳、内モンゴル出身、アホンの

---

[1] イスラーム暦の第9番目の月名。1ヵ月にわたり、太陽が昇ってから日没までの間、断食を行なう。
[2] 中国語でモスク、マスジドを指す言葉。
[3] 回族の宗教指導者。「阿訇」。清真寺でイスラーム教学を学び資格を取得した者を指す。語源はペルシア語のAkhund。

奥さん)
3. 立軍(男性、1974年生まれ、当時28歳、陳埭出身、内モンゴルでアラビア語学習、マレーシアへの留学経験あり)
4. 高栄(男性、1980年生まれ、当時22歳、陳埭出身、雲南でアラビア語学習)
5. 保国(男性、1977年生まれ、当時25歳、陳埭出身、海南島でアラビア語学習)
6. 文華(女性、1980年生まれ、当時22歳、陳埭出身、海南島・雲南でアラビア語学習、シリアへの留学経験あり)
7. 私(女性、1974年生まれ、当時27歳、東京都出身)

席の配置

● 背もたれのある長椅子にはアホンや年長者、ゲストが座ることが多い。
● そのほかの人は、積み重ねたプラスチック製の腰掛けを、適宜並べて座る。
● 食事の参加者が増えれば、少しつめあって腰掛けを増やし、ごはんをよそった碗と箸を手渡す。

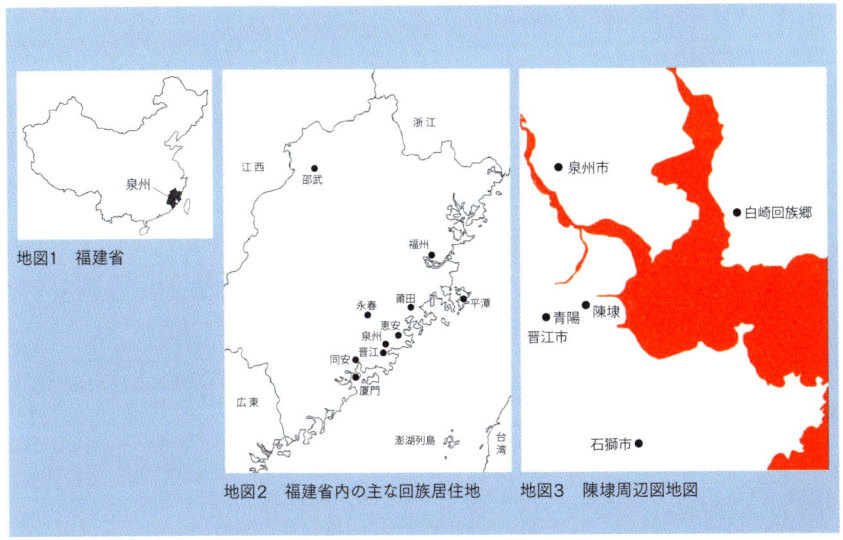

地図1 福建省
地図2 福建省内の主な回族居住地
地図3 陳埭周辺図地図

第1章 食事を考える枠組み

2002年11月は、ちょうどイスラームの断食月と断食明けの祭日があり、福建省の陳埭での日常食事と儀礼食事がどのように行なわれているか、私は友人宅にお世話になりながら調査を行なっていた。

　陳埭(チェンタイ)は、中国（大陸）の東南沿海部の福建省にある漢族と回族の住む陳埭鎮にある（前頁地図）。「海のシルクロード」の拠点の１つとして知られる泉州から、南東へ公共バスに乗って当時はおおよそ１時間ほどかかった距離に位置する。行政区分としては晋江市に属しており、行政区画としては農村であるが、東南沿海経済開放区の新興工業地区となっており、労働集約型の靴産業で経済発展のめざましい地域である。衣服産業の生産・集散拠点でもある石獅とともに、靴・衣服・小物を中心とした商品の国際的な生産・集積拠点の１つとして、多数の外来人口が流入している。[4]この地域は、華僑・華人の出身地である「僑郷」の１つでもある。

　回族は、イスラームを信仰する中国少数民族の１つであり、漢語を母語とする。一般に、清真寺を中心としたムスリム・コミュニティ（「教坊」）を形成し、イスラームの信仰と生活が一体となった暮らしを営む。清真寺は回族にとって礼拝や学習の場であるとともに、経済・生活の中心である。

　一方、この地域の回族住民は、明の時代にはイスラームの信仰および生活習慣を持たなくなったとされる［《陳埭丁氏回族史研究》編委会1990ほか］。ここでは、歴史的に教坊が形成されておらず、清真寺を中心としない祠堂を中心とした血縁・地縁社会となっている。

　陳埭には土地の神々を祭るたくさんの廟があり、仏教・儒教・道教の三教と観音信仰など閩南(ミンナン)地域の信仰の習合した漢族の民俗宗教が陳埭の回族の人びとの生活に根付いている。陳埭の回族の圧倒的多数の人びとは、イスラームは「祖教（祖先の宗教）」であって、現在の自分たちのものではないと考えている。清代以来のプロテスタント宣教師による伝導の歴史からキリスト教徒も多い。多くの地元回族は観音信仰など仏教と地元の民俗信仰の習合した信仰を持ち、１つの家族

●4　1990年の陳埭鎮全体の戸籍人口は72,201人であったのが2000年には226,872人に増加し、10年間で外来人口が占める割合は１パーセント未満から約70パーセントに急増した［藍2003］。私が陳埭を訪れるようになった初めの頃の1998年当時、「昼間に道を歩いている人はみんな外地人（よその人）だ」と青年が語っていた。地元の人はバイクで移動することが多く、さほど大げさな表現ではないともいえる。

写真1　墓地にあるイスラーム風の墓石に刻まれたアラビア語と十字架

の中に仏教徒、キリスト教徒、ムスリムがいることもめずらしくない(写真1)。また仏教徒であると同時にムスリムであるという人もいる。

この地域の回族住民でムスリムである回族は人口の1%に満たないごく少数である。いずれも10代から20代の青年期に故郷を離れて国内外のアラビア語学校や清真寺でイスラームを学習した経験を持つ、ごく少数の老人と青年が中心となっている。

現在、陳埭には清真寺がある(写真2)。「イスラーム学習経験」を経てムスリムとなった地元回族青年ムスリムのほか、近郊で働く内陸出身の回族やウイグル、カザフなどのムスリム、貿易などを営む外国人ムスリムが訪れ、国内外ムスリムが集まる交流の場となっている(写真3)。

ラマダーンの期間、陳埭の清真寺では毎日の日没後の食事を用意する。食事の参加者は地元や他地域出身のムスリム、その家族、友人(ムスリムでない人も含む)である。礼拝に訪れる外国人ムスリムは、特に付き合いの長い人や、一時的な訪問者以外はあまり一緒に食べない。自宅や別の場所で夕食を終えてから、礼拝だけのためだけに清真寺を訪れる人もある。

ある日の日没後の食事をめぐる1日を追ってみたい。

2002年の毎日の日没後の食事の準備と片付けは、清真寺に併設されたアホンの居室や宗教学生の宿舎でもある教長楼で暮らす内モンゴル自治区出身のアホン夫婦が行なっていた。

李アホンは、日中、ピーマンと白菜などの野菜、魚や貝などの食材をモスクの目の前にある市場に買いに行った。教長楼に戻ると、購入品とその価格をメモした。ムスリム青年が買ってくる場合もある。後日その年の断食月の費用として収

第1章　食事を考える枠組み　9

写真2　清真寺遠景

写真3　礼拝の様子。この日は地元回族ムスリム5人、内陸出身回族ムスリム6名、外国人ムスリム8名が参加した。

支報告にまとめられた。牛肉と羊肉は、近郊の清真料理店（ハラール・レストラン）[●5]から購入したイスラームの法に従って処理された肉を冷蔵庫と冷凍庫に保存しており、それを適宜使う。鶏などの家禽類は、生きているものを買ってきて、清真寺の庭でアホンが屠る。主食の白ごはんは1升炊きの炊飯器で炊く。米を洗うのも力仕事だ。

　李アホンが帳面に値段・分量をメモしている間に、私は向陽と一緒に清真寺の庭の水道でたらいを使って食材を洗った。冷凍庫から取り出した肉も、水で洗う。教長楼1階の応接セットのテーブルで、料理に適した大きさに切り分けてから、今日は李アホンがまず中華鍋で調理を始めた。ニンニク、ショウガ、ネギなどの香味野菜は欠かせない。塩、胡椒、うまみ調味料、花椒、ケチャップ、醤油、黒酢など適宜、調味料で味を調え、仕上げる。魚のあんかけ、トマトとタマゴ炒め。教長楼の小さな厨房は、コンロが1つだが、1つの中華鍋でたいていの料理は作ってしまう。中華鍋を向陽に交替して、李アホンは訪問者の対応や礼拝の準備へ。向陽は手際よく、中華鍋と杓子をあやつり、ピーマンと羊肉、ニンニクの芽と羊肉をそれぞれ炒めていく。

　夕方になると三々五々、清真寺に青年たちが集まってきた。日没を確認して、バナナやオレンジの果物を食べ、牛乳・オレンジジュース・コーラを飲んだりしてから、男性は礼拝へ。私は向陽と一緒に、果物の皮とのみかけのコップを片付

●5　ムスリムが安心して食べることのできるレストラン。ハラールとは、イスラーム法での合法を意味する。詳しくは103頁～参照。

10　ある食卓の風景から

写真4　2002年11月24日日没後の食事。配膳と料理。

け、先ほど李アホンと向陽がつくった料理を並べた。適当な数の箸とレンゲも机に置く。礼拝が終わって戻ってきた向陽は、炊飯器から白ごはんをよそって碗を机に並べていく（写真4）。

食事の場はにぎやかだ。開斎節（断食明け[6]の祭日）のプログラム、招待の相談、料理の味付けや構成についての意見など、会話は途切れない。

「この豆腐の料理は、ここのとは味付けが違うけれど、おいしい」

「タマゴ炒めは味が濃すぎてちょっと口に合わない」

「鶏肉炒めは辛すぎる」

「スープ（湯）は？　スープはないの？」

魚や肉の骨は、机の上にそのまま置く。食べ終わったら、各自箸をすべらせて空になったごはん碗に落とし、厨房の流しに片付ける。食卓の周りは1人2人と減っていく。

残ったごはんとおかずは小さな皿に移し、そのまま厨房の台に置いた。向陽は、空いた炊飯器の釜に使用した食器をつめて、外の蛇口に持って行き、水と洗剤を入れてがしゃがしゃと洗った。何回か水を入れ替えてゆすぐ。箒で厨房と床を掃いて、ゴミを建物から出して完了。ようやく一段落となった。

●6　巡礼月の10日に行なう犠牲祭とともにイスラームの2大祭のひとつとされる。中国では、この2つの祭日は民族の祭日でもあり、預言者ムハンマドの生誕を祝う「聖紀節」（マウリド・アル＝ナビー）を加えて3大祭日とも言われた。

食事の風景から考える

　本書では一連の飲食行動、およびそれにまつわる事柄について考えてみたい。1回1回の食事が、どのように準備され、誰と何をどのように、どのような場所で、どんな会話をしながら食べるか。日本で言う「1日3度の飯」という朝食・昼食・夕食だけではなく、1回の食事には数えられない飲み食いもまた日常生活の中に組み込まれた社会的な行為なのである。

　では、先の清真寺での食事風景から何が見えるだろうか。

食材の選択（宗教的制約）：食材については基本的に市場で購入した新鮮な食材を使うが、肉類では、ムスリムの場合、イスラームの正しい方法で処理した肉が必要となる。家禽類はその度に自分たちで処理している。牛肉・羊肉については、ムスリム専門の業者からまとめ買いしたり、ラマダーンのように大量に消費するときには、1頭丸ごと購入してアホンがビスマラ[7]を唱え、食肉業者に処理してもらったりして冷凍保存をしておく。市場で購入したものも冷凍のものも、加工食品以外は肉も含めて調理の前に水で洗う。

　このような宗教的制約以外に、季節や年齢など、時間に関わる制約、自然環境や地理的環境、社会環境といった場に関わる制約なともある。

誰が作るのか：この時期、毎日の日没後の食事の支度は大仕事だ。早い日には、午前中から買い出しから下ごしらえなど、食事の準備を始める。食事の作り手は、その年によって異なるが、女性と男性、また地元ムスリムと他地域出身のムスリムというような区別はない。この前日の食事は、地元ムスリム青年の友人であるシリアで中華料理店を営む回族男性が腕をふるった。ラマダーンの機会を利用して旅行で立ち寄った人が料理をつくることもある。料理は、作り手の出身地ごとに地方色が出ていて興味深い。1ヵ月続くラマダーンの食事は献立づくりも難しい。

　向春はつぶやく。

---

[7] 「慈悲ぶかく慈愛あつき神の御名において」を意味する句。クルアーンの読誦や演説の始まりなどにも唱える。

「ここでは私たちがみんなの食事を用意しないといけない。内モンゴルと雲南にいたときは逆よ。こういう日には、住民が清真寺に食べ物とか料理を持ってくる。午後になると何を作ったらいいか、頭が痛い……」

誰が作るのか、誰が提供するかといったことについても、自らのこれまでの体験と記憶とこの場所での現状を対照するかたちで、語りに現れてくる。

料理の組み合わせ

「スープ（湯）ないの？」ということばにあるようなスープの有無という料理の組み合わせについても話題にあがる。陳埭では、主食が粥のときにはスープがないこともあるが、主食が白ゴハンのときには必ずと言ってよいほどスープと汁気たっぷりの副食を組みあわせる。スープのない食事は、地元の人びとにとっては1回の食事として物足りないという。このスープをめぐるやりとりは、向陽と地元の青年との間で何度も繰り返された。

日中、食事の支度をする向陽の手伝いをした。彼女は、毎日の日没後の食事の献立を考えるのが大変だと言う。「午後3時になると、夕飯に何を作るか、頭が痛くなる。内モンゴルとここでは料理が違うから」と言う。「スープを作らないと、そのたびに彼らにスープないの？ と訊かれるの」。4ヵ月後の犠牲祭前後に清真寺を訪れたときにも、向陽は私に教えてくれた。「私たち北方ではスープはつくらない。食べ終わってから碗でお湯を飲むの。それが私たちのやり方」なのだという。

こうした「私たちのやり方」と「ここでのやり方」の違いについてのとまどいは様々な場面で垣間見える。例えば、装いの面でも、向陽は教長楼の2階にある居室にいるとき以外は、日常的に盖头（ガイトウ）（ムスリム女性の被るスカーフ）を頭に纏い、家族以外の人に髪を見られないようにしていた。陳埭ではムスリムが少なく、そうした姿が珍しいのか、買い物などで外出すると、周囲の人から注目されたり、なぜそのような格好をしているのか問われたりするのがわずらわしいという。

地域と宗教

陳埭に滞在したアホンや他地域出身のムスリムは、陳埭の異なる食事空間にし

ばしば困惑した。この場所は回族が多く住むが、他地域とは異なり、仏教徒やキリスト教徒の回族が大多数で、ムスリムは少ない。食事の習慣も含め、回族がムスリムである地域とは、生活環境が異なるのだ。

組み合わせと「口に合う」

「口に合う」か、「合わないか」という問題は、先の記述したように料理の味についてとともに、料理の組み合わせについても浮上してくる。

ある日の豆腐料理では、アホンが鍋で溶き卵を蒸し焼きにした鍋サイズの巨大な茶碗蒸しに似た一品があった。ところが、「これは白ごはんと食べるものじゃない」ので「口に合わない」と言って、一口箸をつけただけでそれ以上誰も手をつけなかったことがあった。

個人の好みはもちろん、味の嗜好には地域や集団によっても共有する好みがある。また、料理の組み合わせにも嗜好がある。

食をめぐる語り

アホンたちは、これは雲南の料理、これは内モンゴルの料理と説明をした。アホンたちは私に、「北方では小麦粉があれば何でもつくれる、内陸ではこれは食べないから、味付けが違うと言われても困る」とこぼした。このような「雲南では……」「内モンゴルだったら……」といった地名への言及や、「北方ではスープはつくらない」という語り口には、陳埭の食事とアホンたちのこれまでの経験の記憶が対照されている。そこでは素材よりもむしろ主食＋副食、スープの組み合わせという食卓のイメージと食べ方、セッティングという食事の空間を構成する要素について言及される。実際にはスープはもちろん北方でも作るが、スープの有無はその後も何回も話題に上った。どうやら大きな差異の1つらしい。自分たちの過ごしてきた内陸の回族コミュニティの食事とは異なる食事空間にアホンたちはとまどい、違和感を覚えたようだ。

差異を喚起するもの

地名への言及では、「ここ＝南方、東南、沿海部」と「私たち＝北方、西北、内

陸」とが対比がされている。この「私たち」には、アホンたちにとっての慣れ親しんだ土地とともに生活全般、宗教的雰囲気への郷愁が含まれている。

　異なるものへの反応は、必ずしも否定的ではないが、すべて肯定的なわけでもない。アホンは、食事空間の地域差に、大きなレベルの地方に言及するかたちで、地元の人びとと自分とを異なるカテゴリーに整理しようとしているのかもしれない。

人間関係

　ともに食べる人びとの親しさや近しさも、こうした食事のあり方の違いを意識化するかどうかにも関わってくるだろう。清真寺での共食は、異なる食事空間を持つ人びとが何度も出会いを繰りかえす場でもある。

人・モノ・情報の移動

　こうした出会いは、現在、これまで以上に加速化し、より複雑になっている。ともに食べることで、ある種の連帯感が生まれるかもしれないし、同じ食事を囲みながら、各人が全く別の経験をしているかもしない。時には慣習の違いやぎくしゃくした関係性が浮き彫りになることもあるだろう。そうした食事の風景を描くことで、私たちが毎日、暮らしの中でそれと意識せずに行なっている食について考えてみたい。

食事を考える枠組み

　食事は様々な要素から成り立っている。人が食べたり、飲んだり、吸ったりするモノ・行為、さらに、その他の関連領域を含む。何を食べ物とし、どのようにその素材を入手し、手を加えて、どのように食べるのか。誰が、誰とどのような場所でどのような時間にどれくらい時間をかけて、食べたり飲んだりするのか。食事は社会的行為と経験であり、情動や記憶とも深くかかわっている。

　本書では、私たちが毎日、暮らしの中でそれと意識せずに行なっている、何か

を食べたり、飲んだりすること、そしてそれがどのようにパターン化されているのか、どのように世界とつながっているのか、そうした食事の風景を描いていく。中国福建省のある地域での家族や仲間の日常的な、あるいは特別な機会の食卓を通して、中国の社会関係、民族、宗教、地域のあり方を覗いてみたい。それが人間にとっての食事とはなにかを考えるきっかけになればと思う。

　人は生まれてからひたすら死に向かって生きていく。その過程で、食べるということは生物として不可欠な行為であるが、人が食べられるモノの中から、ある特定のモノだけを食べ物として選んでいるということは、モノと人間を関係づける価値観の1つなのである。時代や地域によって異なる価値観に従って繰り広げられる食卓風景。それは意識的であるにしろ無意識的であるにしろ、私たちの身のまわりの社会と繋がっている。

　食事をするということはコミュニケーションの1つのあり方である。何を食べるかということよりも、誰と食べるかということが重要な場面もある。共に食べることである種の連帯感を生んだり、ある場合には同じ食事の場を共有しながらも全く別のものとして経験されたり、時には慣習の違いやぎくしゃくした関係性を浮き彫りにしたりすることもあるだろう。

　自然環境と社会環境、政治状況、経済状況によって、食事のあり方は多様である。多様性の背景には、地域性や民族性、社会階層やジェンダー・年齢の違いがある。季節や時間帯、家での食事か外食か、特別な日の食事であるかなどによっても異なってくる。1度として同じ食事の場はないのだ。

　「当たり前」に行なっていること、感覚的に「知って」いること、そうした日常を綿密に記述し、ときほぐして、毎日の暮らし、社会、そして世界の中の私たち自身を考えてみたい。文化人類学は、現場での参与観察と聞き取りから、生活者の視点を通して人間のあり方を見直す学問だ。

　食事を文化人類学的研究の主題として最初に取り上げたのは、女性アフリカ研究者のリチャーズ A.Richards である。リチャーズは、性を人間の基層文化として描くマリノフスキーに対して、性ではなく食こそが第1のものであるとして、文化人類学的考察の対象として生産、準備、消費という食事行動における3つの過程を明らかにした［Richards 1985（1948）］。

文化人類学において、食事が主題として注目を浴びるのは、1960年代のレヴィ＝ストロース C.Levi-Strauss を待たねばならない。レヴィ＝ストロースは、「料理の三角形」を提示し「(ある社会の料理は、)無意識の内にその社会が自己の構造を翻訳する1つの言葉である」［レヴィ＝ストロース 1968：62］と述べ、それまで物質文化の1つとして扱われた食事を社会研究に持ち込んだ。

　ダグラスは食べ物を社会的出来事ととらえ、イギリスの一般家庭の食事に、食べ物の組み合わせによって、構造化された食事と構造化されていない食事があることを提示し、礼拝日や祝日といった出来事によって区切られパターンが一週間のサイクルにおいて繰り返されていることを詳細に記号化して示した［Douglas 1993］。2つ以上のものがあれば、そこには順番とバリエーションがあるという前提は、食べ物と食事が言語と同様に文法のような形で整理できるということである。

　1日の食事を考えてみると朝食、昼食、夕食だけでなく、その食事には数えられない間食やお茶やお酒の機会もある。食事に数えられるかどうかは、アジアのコメの粒食を中心とする地域では、主食を食べるかどうか、主食と副食の組み合わせが重要になってくる。もちろん、そもそも1日3食というのも普遍的ではない。福建では零食、宵食とよばれる軽食や夜食もおおよそ時間が決まって、繰り返し行なわれる1日の中に組み込まれた食事行動である。

　ミンツは、こうした言語との類推および食事の記号化に対して、文法に置き換えることは意味がないとしながらも、ダグラスの「食事の構造」という概念を変化しない構造として用いるなどの評価をしている。ミンツは、変化しない静態的な食事ではなく、新しい食べ物の導入によって長期の歴史の中でおきる、人びとの社会的時間や特定の食べ物の意味の変遷を明らかにした［ミンツ 1988］。ミンツは食事の変革性を論じ、ダグラスは食事の保守性、変わらない部分の構造を問題としているのだ。ダグラスの用いた食事行動 food event などの概念ツールの有効性は失われず、むしろ社会背景に還元されない食事自体の論理を明らかにするアプローチとして有効であると私は考える。

　石毛直道は、配膳法に基づく「空間展開型」と「時系列展開型」、食具の使用法に基づく「共有型」と「個別型」、座法や食具の種類の組み合わせで、食事の通文

化比較の道を開いた。

　西江雅之は「『食べ物』と言語調査」[西江1986]において食事の基本概念をまとめ、伊丹十三との対談[西江・伊丹1987；西江2005]において、コミュニケーションとしての食事のあり方への視点を導入している。ここで言うコミュニケーションは「人と人との現場での伝え合い」と西江は繰り返し主張する。そして伝え合いの食べ物の7つの要素として、①言葉、②人物特徴、③身体の動き、④環境（所与の環境と演出するセッティング）、⑤生理的反応、⑥空間と時間、⑦人物の社会背景を挙げ、これらの実際の場で互いに溶け合っているとする[西江2005]。食事の場で同時に展開しているこれら7つの要素が、食べ物や料理そのものだけでない要素にもかかわらず、食べ物の味にまで関わってくることを指摘している。

　記憶の関わりでは、サットンは、ギリシャにおける日常食事、儀礼食事、食の語り、買い物、食についての知識、技術の習得、味と共感覚、新しい食べ物の取り入れ方を明らかにすることで、記憶における食のもつ大きな力を明らかにしている[Sutton 2001]。

　本書では以上の先達のポイントをヒントにして、私なりに食事の風景を描いてみたい。

第 2 章

食事の背景

毎日の食事の中で、今日何をどのような組み合わせで食べるか、という選択の背景には意識的にせよ、無意識的にせよ、季節や、年齢、機会、性別、ライフスタイル、それに個人の体調など様々な条件が複雑にからまっている。ここでは、そうした選択の中にある文化的な背景として、「熱い食べ物」と「冷たい食べ物」、イスラームと食について概観しておきたい。

「熱い食べ物」と「冷たい食べ物」

　日本の「医食同源」ということばと同じように、中国では「食医同源」、「薬膳同効」ということばがある。何を食べるか、ということは人間の身体と健康に直結する。その代表的なものが「熱い食べ物」と「冷たい食べ物」である。

　それは食材の物理的な温度ではなく、食材の性質を分類しているものだ。中国やインド、バングラデシュ、タイ、インドネシア、メキシコ東南部、グアテマラ、など世界各地に広がる観念である。[1]

　何が「熱い食べ物」で何が「冷たい食べ物」かは、その文化によって異なる。同じ食べ物でも文化が異なれば、分類が異なる。例えばタマゴは、タイでは冷たい食べ物であるが、バングラデシュでは熱い食べ物である。

　栽培植物や動物などではどのように育ったか、何を食べたか、どのように組み合わされたかなど、この分類は複雑な基準となっている。

　例えば中国では、オオムギは「涼」だが炒めると「暖」に、黒豆は生の状態では「平」だが、煮ると「涼」、炒めると「熱」、発酵させると「寒」と性質が調理方法によっても変わる。

　人間の身体も同様に熱い状態と冷たい状態、そして熱／冷のバランスがとれた状態がある。体調が悪かったり、病気になるのは身体のバランスがどちらかに偏っていると考えられ、反対側の性質の食べ物を食べて身体のバランスを平衡に保つ。すべての香味野菜や調味料含めた食材に性質とそれぞれ効能がある。

●1　こうした拡がりは、古代ギリシャの体液論を起源とする伝播説もあるが、各地で別個の体系の中でそれぞれ個別に展開していったものと考えられる。

こうした熱／冷というモノと身体についての観念は、蛋白質と脂質、炭水化物といった栄養とは別の観点から、日々の食べ物の選択や組み合わせの根底にあるようだ。

　フィールドワークの中では、こうした「食補」・「食療」という考え方が特定の専門知識を持つ専門家ではなく、家庭の中で日常的に実践されているのを強く感じた。

　この「熱い食べ物」と「冷たい食べ物」は、単純な二項対立ではない。先述の大豆の例にあるように、それぞれの性質は連続しており、平衡がとれた中立の状態を含めたシステムとなっている。

イスラームと食

　中国におけるイスラームの食は、クルアーンにもとづく三大不浄（ブタ、血、イスラームの法で正しい方法で屠られたのではない動物）を食用としないなどの宗教的制約をベースに民族的・地域的な多様性が見られる。

　清真食堂（ハラール・レストラン）[2]の店舗やメニューに書かれた「清真」という漢字、「清真牌」を掲げたレストランや屋台、「清真」のマークが印刷された食品や物品は、ムスリムが安心して食事あるいは使用できることを意味する。（写真1、2）「清真牌」には、ムスリムが沐浴で使用する「湯瓶」や「白帽」の図案とともに漢語とアラビア語が併記されている。漢語では「清真」、「回族食品」とあり、「民族の民族習慣を尊重しよう」、「禁忌食物の禁止」というスローガンが付されるとともに、アラビア語では「ta'ām al-muslimīn（ムスリム食品）」などと表示される。清真のマークは、食品のほか、茶や食具、石鹸などの日用品にも用いられる。

　回族の人びとに「清真」の意味を尋ねると、宗教指導者の場合はイスラーム法で合法であることを意味するハラール（halal）を考えており、一般の住民はイスラームの宗教性のみならず、清潔や善良などの意味合いでとらえている。なお、

●2　アラビア語のハラールは、イスラーム法（シャリーア）で「許された」「合法」を意味する。

写真1　食堂の壁メニュー

アラビア語のハラールの音訳としては、清真とは別に「哈俩里」、「哈俩勒」という表現がある。

1990年代前後から、寧夏回族自治区や一部の省や市で、清真食品管理条例が制定され、食肉や加工食品の製造、流通などについて法整備が進められている。これらは、経営者や従業員、仕入れから販売までの各過程における従事者の民族帰属に重点が置かれた。「清真飲食習慣」を保持する「少数民族の風俗習慣」としての清真が定義されている。国際的に通用する宗教に重点を置いた基準を求める声もあり、国内の清真の基準の統一を目指して、西北地方を中心にいくつかの省で共通の認証制度の導入を目指す動きもある。

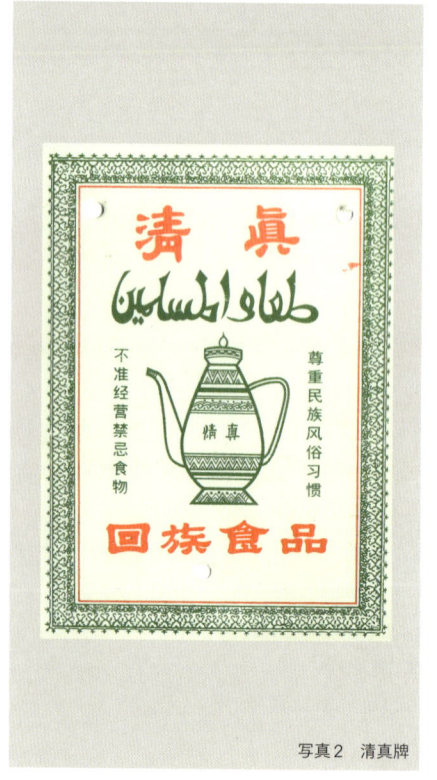

写真2　清真牌

食材：菜市場を歩く

村ごとにある菜市場。糧食店。大米（こめ）、米粉（ビーフン）、麺線（めんせん：日本の素麺によく似た小麦粉の手延麺）、土瓜粉（サツマイモ澱粉）、タマゴのほか調味料や油、浄水も扱っている。

鮮魚

タチウオ、イカ、エビ、サンマ、アマダイ、マナガツオ……。この他タウナギやカエルなども。

冷凍物

イカ、手羽先……。

貝

アゲマキガイ、アサリ、シジミ、牡蠣（牡蠣は殻からはずして売られている）……。

野菜：根菜や葉物、香味野菜

ニンジン、ジャガイモ、サイシン（菜心）、小ネギ、香菜、キャベツ、カリフラワー、キュウリ、セロリ、白菜、ナス、トマト、ピーマン、トウガラシ、ホウレンソウ、コマツナ、サツマイモ……。

家禽
ニワトリ、アヒル、烏骨鶏……。

肉
豚、牛、山羊。肉売り場は約80パーセントが豚。あらゆる部位が並ぶ。下の写真は豚肉。

牛肉。

ヤギ肉。

豆腐と練り物

発酵食品

アブラナやタケノコ、
ザーサイなどの漬物、
アミの塩辛、タマゴと
ピータン……。

乾物

シイタケ、イカ、貝柱、小魚、タチウオ、サツマモイモ、トウガラシ、八角、丁字、ナツメグ、当帰、ニンニク、ショウガ……。

果物：季節の果物

干し柿、ロンガン、タンカン……。この他バナナ、ブドウ、イチゴ、リンゴなど。

熟食：調理済みのもの。供物や食事、お菓子
鶏肉、豚肉、芋頭の素揚げと餡入り揚げ団子と供物セット。

調味料・道具：台所の風景

調味料は、頻度の高いものだけを紹介しておく。

包丁とまな板、鉄鍋と杓子があればほとんどの料理が作れる。おかずを何品も作ったり、麺料理を作ったりする場合もたいていは、1つの鍋が使われる。スープでは圧力鍋が活躍する。

（1）家庭

調味：醤油、油、塩、胡椒、味精、香酢（黒酢）、蠔油（オイスターソース）、辣醤、噫汁（ウスターソース）、豆鼓、八角、当帰、ネギ、ニンニク、ショウガ、トウガラシ

調理道具：まな板、包丁、ハサミ、削棒、栓抜き、缶切り、ボウル、鉄鍋、深鍋、圧力鍋、蒸し器、炊飯器、ミキサー、杓子（玉・へら）、穴杓子、しゃもじ、籠

保存：ビニール袋に入れて、直置き。蝿帳、冷蔵庫（飲み物など）

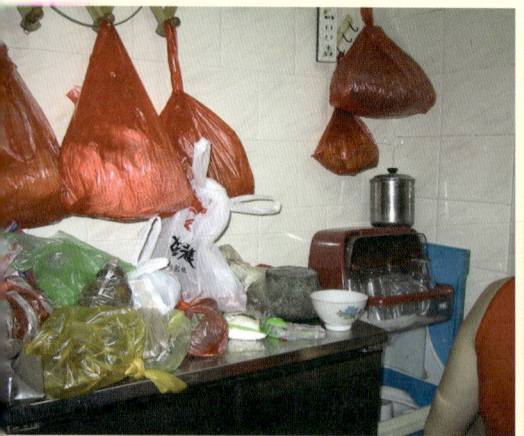

30　調味料・道具：台所の風景

（2）清真寺

調味：醤油、油、塩、胡椒、味精、花椒（サンショウ）、孜然（クミン）粉、香酢（黒酢）、蠔油、豆板醤、辣醤、甜辣醤（スイートチリソース）、蕃茄沙司（ケチャップ）、八角、ネギ、ニンニク、ショウガ、トウガラシ

調理道具：まな板、包丁、ハサミ、削棒、栓抜き、缶切り、ボウル、鉄鍋、深鍋、圧力鍋、蒸し器、炊飯器、杓子（玉・へら）、穴杓子、しゃもじ

保存：ビニール袋に入れて、直置き。冷蔵庫・冷凍庫（清真肉）

第 2 章　食事の背景　　31

32　調味料・道具：台所の風景

第 3 章

食の風景

1. 家での食事

家族の食卓

　2002年2月、旧正月が明けてまもなくのある家族1日の食行動をフィールドノートから抜粋してみたい。

　このときのフィールドワークでは、兵隊に行った秀麗の弟の部屋を借りて2週間ほど寝泊まりをさせてもらった。

　ちょうど旧正月明けの連休中であり、家事以外の時間帯は家族全員がテレビを見たり、麻雀をしたりして過ごしていた。掃除、洗濯、シャワーを浴びるのは午前か午後の日中である。

　この日の大きな出来事としては、夕食をいつもよりも早めにとり、陳埭から車で小一時間の泉州の占い師の家を訪ねたことである。占い師の家では、今年1年の家族運勢と兵隊に行った弟および秀麗の結婚について占ってもらったとのことである。

（1）朝食

　9:00～10:00　昨夜のうちに残りのゴハンで作った白粥。時間とタイミングは、起きた人からそれぞれ。鍋に入れっぱなし。それぞれ加熱する。同時に飲む飲み物なし。

（2）昼食

　食材の購入　午前中にバイクで2、3分の市場へ買い出し。野菜、魚などを購入。日本料理を作ってと言われていたので、妹につきあってもらって再度市場へ行きダイコンと小魚の干したものを購入した。

　調理　10:30頃には、すでに秀麗が昼食の支度を始めていた。圧力鍋でブタの背骨肉、当帰などを入れたスープを煮ている。炊飯器が湯気をたてている。私は、小魚で出汁を取り、中華包丁の大きさに困難しながら何とかダイコンを切って茹でた。

写真1　食卓の上の料理　　　　　　　　　写真2　残りものは皿にいれたまま蠅帳を被せて置いておく

参加者　秀麗、秀麗の妹、母、父、母方祖母・祖父、表弟（母方イトコ）、私。

配膳　主食：白ゴハンは1人1碗。
副食：スープを中心に炒・煮・揚げた料理の副食を並べる。
盛りつけ：種類ごとに大皿に。

道具　箸・飯碗はひとり1つ。おかずは直接箸でつつく。匙は2つを使い回し。

食べる順番　特になし。各自、碗に白ゴハンをよそい次第食べ始める。

姿勢　食堂の椅子に座るほか、立ったまま。テレビのある部屋など食堂以外で食べたい場合は、白ゴハンの碗におかずを載せて移動。

食卓に並んだ物　白ゴハン、ブタ背骨のスープ、細くおろしたニンジンの炒め、ジャガイモと細切りブタ肉炒め、青菜炒め（青梗菜）、揚げタチウオ、蚵仔煎（牡蠣タマゴ焼き）、煮ダイコン、小魚炒め、小碗に醤油、小瓶（詳細不明）。飲み物なし（写真1）。
（ルビ：蚵仔煎→オーアーチエン）

残った料理　蠅帳を被せて机においておく（写真2）。スープは鍋に戻し蓋をしてコンロの上へ。

（3）夕食

支度　スープのみガス台で暖める。おかずは、そのまま。ゴハンを炊く。
時間　17：00頃。いつもより早め。

第3章　食の風景　　35

参加者　秀麗、妹、母、父、父方祖母・祖父、姐（父方イトコ）、乾爹(ガンティエ)[1]、私
配膳・道具・食べる順番・姿勢・食卓に並んだ物・残った料理　昼食に同じ。

（4）夜食

支度　テイクアウト

時間　21：30頃

参加者　秀麗、妹、母、父、父方祖母、姐（父方イトコ）、兄（姐の夫）、私。

配膳・道具　テイクアウトそのまま卓上へ並べる。箸、匙

食べる順番　なし

姿勢　応接セットあるいはプラスチック製腰掛けに腰掛けて。低いテーブル。

食卓に並んだ物　沙爹(サテ)麺、牛肉丸のスープ、粽(ちまき)、手羽先、飲み物なし。ただし兄のみビール。

残った料理　汁まで完食。食べ終わり次第、それぞれの家に帰宅。

（5）その他軽食

その他、各食事の間に、テレビを見ながら、あるいは訪問者があるたびに茶を入れ飲んだ。茶台に置きっ放しになっている果物の塩漬けなどを、適宜つまむ。また、この日は夕食後に訪れた占い師の家でも、茶と果物を食べた。

1日の食のリズム

朝食は揃って食べることはほとんどない。前日に作った粥や買い置きのパンなどを食べる。市場で豆花や豆乳を買うこともある。茶だけですますこともある。また誰かと一緒に食べるというよりは、それぞれの時間にあわせて、朝食は簡単にすます。昼食・夕食・夜食は、その時間に家にいる人びとがおおよそ同じ時間

---

[1]　血縁関係によらない、贈答儀礼を通して親子関係を結んだ「父親」を指す。実の父母と同様、子どもの成長を後見し、人生儀礼においても重要な役割を担う。

家での食事——家族の食卓

写真3　アヒルの出汁が濃厚な鴨仔粥

帯に食べる。家族だけでなく、居合わせた人が参加することも多々ある。常にゴハン・料理ともに多めに作ってあり、また飯碗や箸などの食具も同じ物が一緒に住む家族の人数よりも多くある。しかしながら食べる場所は、食堂であったり、テレビのある部屋であったり様々である。

　おかずをつくるのは、昼食前の食事の支度が主となっている。基本的におかずは食べきることがほとんどない。残り少なくなったおかずは、皿にいれたままとっておき、次の食事の際に他の料理と合わせたり、材料を加えたりして炒めなおして一品にする。

　昼食にゴハンを大量に炊く。残った白ゴハンは炊飯器の釜に戻し保存する。夕食は、冷えた白ゴハンにタマゴなどを加えて炒飯にする。残ったゴハンで粥を作って、夜食や次の日の朝食に食べ、昼にまた新しく大量にゴハンを炊く。

　夜食はつくりおきの粥や、インスタントラーメンを煮込む場合もある。外出していた人が買ってくるか、外出先で食べることもある。夕食後は、町歩き、友人や親戚を訪ねるなど、くつろぎの時間である。町歩きでは、ケンタッキーフライドチキンやマクドナルドなどのファストフードや、鴨仔粥（アヒルかゆ）・牛肉丸（牛肉をすりつぶして練った団子）・沙爹麺などのローカルな軽食を食べたり、持ち帰ったりする（写真3）。ファストフード店には、子ども用の遊び場やおまけがあり、子どもが大好きな場所である。ファストフード店は、食事というよりも、おしゃべりをしたり、子どもを遊ばせたりする楽しみの場所である。

　このように1日の食事は、朝は軽く、昼食と夕食は主食と副食で、夜食に軽く食べる、食事と食事の間にも軽く食べるというように強弱がある。また食べる料

第3章　食の風景　　37

回も1回1回新たにつくるというよりも、前の食事の料理を利用して連続性のあるものになっている。

食べることにかける時間も量も、それほど多くはないが回数が多い。

零食について

「零食を食べるのは慣れた？」と聞かれたことがある。

どこかへ出かけたり、誰かに会ったりすると必ず何かを食べる。また夜に祭日や結婚式などの会食がある場合にも18時頃に粥や麺などを食べてからでかけるが、この粥や麺は食事とは数えず、尋ねてみると「零食」だという。何かを食べる機会は本当に多い。

この1日の場合は占い師を訪ねるといういつもとは異なる出来事があったが、1日を追ってみると、朝昼晩の3食の食事とともに、「零食」という3度の食事には数えられない軽食も1日の中の食事行動として習慣になっている。

食べ物と飲み物

朝食・昼食・夕食では、食べ物を食べることと飲み物を飲むことは同時に行なわない。正月明けの連休という点において少し特別な日でもあるが、飲み物が伴わない点において日常の食事に近いと言える。なお、零食の軽食では、外食した場合には飲み物を伴うことが多い。

料理内容について

ブタ背骨のスープはぶつ切りの背骨肉を水とショウガ・ニンニク・当帰（トウキ）（セリ科の植物。根を乾燥させて漢方薬として用いられる）を加えて圧力鍋で煮たもの。細くおろしたニンジンの炒めとジャガイモと細切りブタ肉炒めでは、いずれもニンジンとジャガイモを、穴の開いた卸し金で卸したものだ。

青菜炒めはこの日は青梗菜。揚げタチウオは、小麦粉と溶いたタマゴで薄い衣をつくって揚げる。家で揚げることもあるし、出来合いのものを市場で買うこともある。揚げタチウオは、どの家庭でも年間を通して頻出する家常菜である（写真4）。蚵仔煎は、サツマイモ粉をまぶした小ぶり牡蠣とタマゴを混ぜて炒めたもの

写真4　別の家庭の昼食。蒸し蟹の下の皿が揚げタチウオ　写真5　沙爹麺

である。福建南部では牡蠣の養殖が盛んで、特色的な地方料理の1つである。対岸の台湾でもローカルフードとして有名である。碗に入ったたっぷりの醤油は各自が好みで、おかずをつけて食べる。ニンニクの芽やネギをあらかじめ醤油に入れておくこともある。

　ダイコンの煮物および小魚炒めは普段の食事にはない。日本の料理をつくってとずっと言われていたので試しに私が作ってみた。小魚炒めは作ろうとした田作りのなれの果てである。おばあさん曰く、「ダイコンが大きすぎる」。乱切りにして豚肉とスープをつくるなど、輪切りのままダイコンだけで料理にすることはないとのこと。

　沙爹麺は家では作らない。買って食べるものである。沙爹醤（サテソース、沙茶の字があたる場合もある）で味付けした辛味のあるスープと湯がいた麺を合わせた汁麺である（写真5）。沙爹醤は干しエビとアミの塩辛を香味野菜・香辛料と合わせてピーナッツ油で炒めたソースで、中国南部や東南アジアに様々なバリエーションのある調味料である。日本では、挽いたピーナッツの入ったサテソースをつけたインドネシアやマレーシアの串焼き料理の方がなじみがあるかもしれない（写真6）。

　沙爹麺の店では、注文時に好みの具材を指名する。店頭には調理済みのイカ・貝・エビなどの海鮮やブタ・アヒル・ニワトリの肉・内臓、タマゴ炒め、揚げ豆腐などが並べられている。友人たちは、砂肝を必ず入れていた。歯ごたえと味が好みとのことである（写真7）。

　牛肉丸スープは、牛肉の各部位を大鍋で煮込んだスープに具として牛肉丸が

第3章　食の風景　　39

写真6　マレーシア・サテ屋台（台北）

写真7　沙爹麺屋の店頭

写真8　肉丸スープを買ってきて他の具材と合わせて鍋にしたりもする

写真9　汁麺に入った肉団子（ラオス）

入ったもの。牛肉丸は、家では作らない。細かく叩いた肉と小麦粉を合わせて練った卓球玉くらいの団子状のものである。日本でいう肉団子よりも滑らかで歯ごたえがある。（写真8）牛肉の他、豚肉をつかった肉丸、魚を使った魚丸、イカを使った墨魚丸などがある。

　同様の肉団子は、東南アジア各地の麺類の具としても広く食されている（写真9）。串に刺してあぶり焼きにしたり、茹でたり揚げたりしたものが軽食としても食べられる。串焼きに沙爹麺も牛肉丸も、中国と東南アジアに広がる人とモノの動きを感じさせる食べ物である。

朝食

　1998年の夏、清真寺と南音社[1]で掃除や台所仕事をしている竹妹の自宅に泊めてもらった。竹妹は福州から嫁いできた。

　朝8時過ぎ、彼女が身支度を済ませ、自宅から碗を持参して、家の近くの食堂からワンタンスープと蒸パンを買って来てくれた。寝室の外の風通しがいいテーブルに料理を置き、2人で食べた。残ったスープは、蠅帳をかぶせて日の当らない部屋の奥の戸棚にしまった。昼に娘が帰ってきて食べるだろうという。

　朝食は、茶だけですます場合もあれば、朝の短い時間にさっと食べられるものになる。秀麗家では、カユか、それとキュウリの漬け物、あるいは買い置きのパンであった。

　2001年9月の福建では、1週間の間に何を食べたかを友人に記録してもらった。1週間の食事日記である。食事日記は食事のリズムが見えて面白い。ここでは朝食のみを抜粋してみる。

立軍の朝食

9/17(月)	9/18(火)	9/19(水)	9/20(木)	9/21(金)	9/22(土)	9/23(日)
コーラ	水	豆乳	豆乳	豆乳	豆乳	
白ゴハン	ビーフン	パン	パン	卵菓子	油条	油条
魚	魚					花生湯
青菜						

　立軍は当時27歳。マレーシアのイスラーム国際大学の留学経験者で、当時はマレーシア系の会社で会計の仕事をしていた。当時は未婚、実家住まい。こうしてみると、基本的には汁物と炭水化物の組み合わせであることがわかる。白ゴハ

---

[1] 福建南部の地方音楽である南音を行う人びとの集まる建物。清真寺と同じ敷地内にある。南音では、チャルメラ、琵琶、二胡、拍子木が用いられる。

ンとおかずの組み合わせ (9/17)、ビーフン (9/18) の作り手は母親である。その他は外食だった。立軍は、豆乳は飲み物に分類しており、花生湯（ピーナッツのスープ）は飲み物には分類していない。

立業の朝食

9/17（月）	9/18（火）	9/19（水）	9/20（木）	9/21（金）	9/22（土）	9/23（日）
牛乳	白カユ	豆乳	麺線糊	白カユ	牛乳	白カユ
パン	醤瓜	パン	油条	醤瓜	パン	青菜
白湯	煎魚乾		白湯	油条	白湯	卵炒め
	白湯			豆		白湯
			白湯			

　立業は当時24歳。内モンゴルでのアラビア語学習経験者で、帰郷後はずっと家の靴工場で働いている。当時は未婚、実家住まい。白湯について、食べながら飲むか、食べ終わってから飲むか尋ねてみると、食べ終わってから飲むとのことであった。
　白カユとおかずの日は母親が作り、それ以外の日は買いおき、あるいは買ってきた物とのことだ。

　　　支度　　母親、持ち帰り。
　　　時間　　時間をかけずにさっとすます。
　　　配膳　　一度に出す（あるいは机にだしっぱなし）。
　　　道具・食べる順番・姿勢
　　　　　　　コップ、碗、箸、匙（スープのみ）、手、ビニール（油条、パン）。白カユ、粥では、匙を用いず、箸と手に持った碗を口につけてすする。子どもに食べさせるときは匙を用いる。

料理の内容について

　豆乳と油条、粥と油条は定番の朝食メニューである。油条は中国の揚げパンと

42　家での食事——朝食

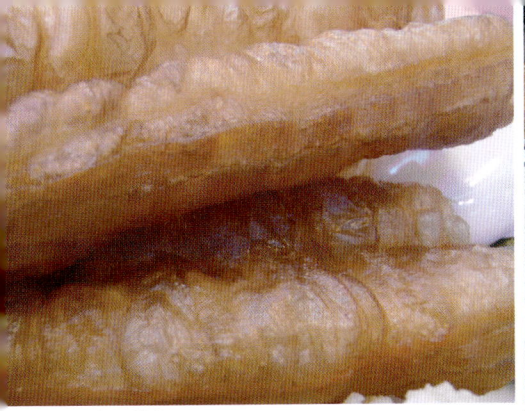

写真1　油条

写真2　市場の豆腐売り場。ストローがあるのは豆乳用

写真3　白カユ

写真4　土瓜粥

　訳されていることが多い。ハサミで切ってもらって汁に入れたり、そのまま汁に浸して齧ったりする。そのまま食べてもよい（写真1）。豆乳は、市場の豆腐売り場で熱々の絞りたてを売っている。甘い。プラスティックのコップに入れ、蓋を溶けてくれる。ストローをさして飲むが、これがかなり熱いので毎回火傷してしまう。パックされた豆乳も売られている（写真2）。

　中国語では白ゴハンは「乾飯」、白カユは「稀飯」、具が入ってよりとろりとした味付きのカユは稀飯ではなく「粥」である。土瓜（サツマイモ）粥、芋頭粥など。朝食以外にももちろん昼食や夕食、おやつや夜食の零食と様々な機会に食される（写真3、4）。箸を使って食べる。

　花生湯はピーナッツのスープである。これも定番のスープだ。店舗の他、市街では昼時になると天秤棒の片側にピーナッツスープ、もう片側に咸飯（味付きゴ

第3章　食の風景　43

写真6　麺線糊　　　　　　　　　写真7　食糧店で売られる麺線

［左］写真5　天秤棒を担いでピーナッツスープと味付きゴハンを売る行商
［右］写真8　麺線店で朝食を食べる人びと

ハン）を入れた行商の人を見かける。いずれも大きな鍋が竹の籠に入っているのでとても重そうだ（写真5）。残念ながら、私は食べられないのでその味を知らない。

　麺線糊（ミエンシェンフー）は、乾麺を短く砕いて煮込んだもので、日本の素麺とほぼ同じ。麺線は素麺よりも薄く細い（写真6、7）。少しとろみがあり、やや塩味を感じさせる癖のない味つけである。匙ですくって食べる。

　市場や街中に麺線糊の専門の店がある。朝の時間帯には、専用の屋台も出る（写真8）。店では大鍋で煮込んだ麺線を碗にすくい、調理済みの具を客の好みで入れてもらう。具には炒り卵、椎茸、牡蠣、殻を剝いたアゲマキ貝、臓物など。海鮮は他の具よりも少し値段が高い。仕上げに臓物を煮込んだ汁を少々と胡椒、小ネギをかけて渡してくれる。2005年のメモでは、麺線糊1杯と油条1本で1元だった。

　類似の料理に台湾の麺線がある。台湾の麺線屋の麺線も同じように大腸の煮込みや牡蠣が具としてはいった汁だ。福建の麺線糊と比べると、麺がより太く長く、鰹出汁を使っている。

昼食

- **時** 2005年9月8日（木）11:00過ぎ
  偉文は出勤前
- **場所** 偉文宅、石造り2階建
  1階（奥に厨房）
  机、木製背もたれ付き椅子
- **配膳と食具**
  - 粥はひとり1碗、箸
  - おかずはホーローの縁有り皿にそれぞれ全員分まとめて
  - 圧力鍋に入ったスープ
  - スープ用の匙は共有
- **参加者** 偉文（男性、1974年生まれ、当時32歳、ムスリム、サウジアラビアに留学、貿易）
  亮朱（女性、1981年生まれ、当時25歳、元幼稚園の先生）
  弟夫婦
- **支度** 母親、父親
- **食べる順番**
  父・母・祖母が食べ終わってから偉文夫婦・弟夫婦
- **姿勢** 着席
- **食卓に並んだ物**
  1. 芋頭粥
  2. 煎りピーナッツ
  3. タチウオの黒豆鼓（黒豆に塩を加えて発酵・乾燥させた調味料）炒め
  4. 魚のスープ
- **残った料理** そのまま厨房へ（夕食時に温め直し、料理を追加）

料理内容について（写真1）

　粥と一緒に煎りピーナッツを食べるが、タチウオには手をつけない。煎ったピーナッツは、甘皮付きで、付け合わせとして好まれているようだ。香ばしさと歯ごたえが良いとのこと。ご飯物の上にのっていることも多い（写真2）。

　魚のスープは圧力釜で作る。魚と水、塩のみ。

　サトイモ粥の作り方は、以下の通り。

① 洗った白米を鍋に入れて火にかけ、沸騰したら火を止める
② 皮を剥いたサトイモに油とネギを加え、別の鍋で炒める
③ ①と②を合わせて圧力釜で加熱する
④ 調味は塩と味精（うまみ調味料）を加える
⑤ さらに長時間かけて煮込む

食べる順番について

　職場が遠くない場合は、昼食の時間帯はいったん家に帰って食事をし、昼寝をしてから午後出勤する。偉文の場合は、午前中は家で仕事をし、14時過ぎに石獅市へ出勤、戻りは20時過ぎとのことだ。

　偉文の両親が先に孫にゴハンを食べさせてから、自分たちの食事をし、息子夫婦の食事という順番だった。

夕食との連続性

　この日の夕飯は、昼食時に食卓にのぼったおかずをベースに新たにおかずを加えたものだった。主食は粥から白ゴハンになった（写真3）。

　夕食の食卓の上にならんだものは以下の通り。

1. 白ゴハン
2. 煎りピーナッツ
3. タチウオの黒鼓炒め
4. 魚のスープ
5. キュウリ炒め
6. 揚げ豆腐煮込み

写真1　芋頭粥がメインの昼食 　　写真2　添え物としての煎りピーナッツ（壺仔飯）

写真3　食卓の上の夕食との連続性 　写真4　家の裏手でニワトリをしめる

ニワトリをしめる：イスラームの方法

　粥を食べている途中で、偉文がニワトリを屠ってくると言うので付いていってその様子を見せてもらった。家の裏手に出ると、お母さんが生きたニワトリを持ってきた。偉文は家の壁で包丁を研ぐと、ニワトリの足・羽根・首をまとめて持ち、喉の部部分の毛をむしった。お母さんが麺線を入れた小さな皿を持ってきて地面に置く。偉文は小さな声で「慈悲ぶかく慈愛あつき神の御名において」と

第3章　食の風景　　47

写真5　濃い紫の四角い塊と赤い盥の水に浸かっているのが、動物の血を用いた食品

唱え、皿の上でニワトリの喉に刃を入れて血を抜いた。血を抜き終わったニワトリは別の大きめの盥にいれた。このように家禽類は、生きたのを買ってきて、偉文が処理をするのだという（写真4）。

動物の血について

　ニワトリの血が浸った麺線は、モチ米を加えて粥をつくり、白カユにいれて食べる。ムスリムである偉文はもちろん食べない。おかあさんによれば、自身のおかあさんなど上の世代の人が好む食べ物だそうだ。
　血が主な材料である食材には、この他、アヒルの血を固めた鴨血糕、ブタの血を固めた猪血糕、モチ米と合わせて固めた米血糕などがある。市場では水の中に入れて売っている。スープや鍋の具として中国南部や華人社会で欠かせない食べ物である。栄養価が高く、独特の食感が人気という（写真5）。

動物の血液をめぐる異なる価値観の交渉：衛生と栄養

　ムスリムは、動物から流れ出る血は不浄のものとして食べない。

　「動物の血は栄養が豊富すぎるから、細菌が増えやすくて危険なんだよ」と、別の機会に台北の清真寺でイマームが新聞の切り抜きを取り出してくれた。台湾の漢語新聞の聯合報の2010年の9月の記事であった。新聞記事では、「猪血糕の販売をアメリカが禁止──華人の愛する猪血糕がメニューから消える」と題し、加工工程が不衛生であるとしてアメリカ農業部が国内での猪血糕の製造・販売を禁止するという記事を受けて、新鮮なブタの血を用いてつくる猪血糕を「台湾伝統美食」として世界に発信しようというものであった（写真6）。

写真6　台湾のアホンが保存していた動物の血に関する記事の切り抜き

　興味深いのは衛生という観念を根拠に、アメリカは禁止を、台湾はプロモーションをという別のベクトルの対応をしていることだ。

　栄養という点に着目すると、中華世界におけるブタの血の性質は、『本草綱目』によれば「平、無毒」であり、解毒作用があるとされる。鉄分も豊富で、体に良い食べ物とされる。一方で、ムスリムにとってそもそも食べ物でない血は、台湾のイマームが語るように、栄養豊富だからこそかえって危険で避けるべきものとして、やはりイスラームの食物規制の正しさと補強するものとして記事をスクラップしている。

　異なる価値観の対応が交渉する場としての食べ物を見たとき、栄養や衛生というのもまた相対的な価値観であることを感じる。

夕食

（1）煉り物鍋の日々

時　　　2003年2月28日（金）

場所　　秀麗自宅

食卓に並んだもの

　　　　1．白ゴハン
　　　　2．練り物の鍋
　　　　3．タマゴと豆腐とトウガラシの炒めもの
　　　　4．ブタの角煮
　　　　5．タマゴ、ジャガイモ、ネギ炒めもの
　　　　6．青菜炒め
　　　　5．カリフラワー炒め
　　　　7．ニワトリの爪
　　　　8．鍋に入れる生ホウレン草
　　　　9．醤油

配膳と食具

　　　　● 電気鍋
　　　　● 碗、箸、匙

参加者　秀麗、妹、母、父、姐、私

鍋と練り物

　2003年2月、秀麗の家に世話になった16日間のうち、夕食を共にしたのは14回あり、うち1回は正月の訪問で秀麗の姐宅にお邪魔した。

　旧正月前後は、親戚の家に招き招かれ、あまり家で食事をつくることはない。13回の家での夕食では、白ゴハン＋練り物の鍋＋炒め物の組み合わせが7回ほどあった。鍋ではなく、スープとしてはさらに2回練り物が出てくる。夕食は昼食を基調にしており、ほぼ同じ内容の料理となるのでとにかく練り物の鍋が多かっ

た印象がある(写真1、2)。

　鍋はスープとおかずが一体化して、その場で熱々のものを食べることができる。日本で鍋料理というと、それがメインとなるようだが、複数のおかずの中の1つである点が異なる。

　鍋の具は、各種の肉丸、ソーセージ、蟹モドキ、揚げ豆腐など。洗って別の籠や皿に盛った野菜を鍋に適宜追加してくぐらせて食べる。野菜は、青梗菜、レタス、ホウレン草などの青菜。具は直箸で自分の白ゴハンの入った碗に取って食べる。スープは匙ですくって直接すすったり、お玉ですくって食べ終わったごはんの碗に入れて飲む(写真3、4)。

暦と出来事

　暮らしの中に、3つの暦が並行して溶け合っている。日本でも、カレンダーの上では春分・啓蟄などの二十四節気や端午の節句などがあるものの、私たちは太陽暦に当てはめており、日にちは太陽暦に固定されている。

　一方、中国では、旧暦と新暦が、むりやり日付を統一することなく、生活の中にあるので、毎年、日付はずれてゆく。またムスリムにとってはイスラームの暦もある。さらに国の制定する節日と民族の祭日が加わり、複数の暦が折り重なって1年を彩っている。

　さらに時にまつわることとしてはライフサイクルに関わるもの、誕生日や冠婚葬祭、死者の生誕・祈念日といった節目や、ローカルな神々の生誕・祈念日などが農歴に従い、いくつものアクセントがついている。これらは農歴の日付で数えられる。

　次の表は、当時の滞在時のそれぞれの暦と出来事および夕食を一覧にしたものである。2003年はちょうど2月1日が旧暦の正月初一と重なった。夕食の欄の「記録なし」は私が外出して食卓を見ることができなかった日(21日、27日)と、秀麗家の夕食に参加したにもかかわらず、食事内容の記録し忘れた日(23日、25～27日)である。

　繰り返しになるが、いずれの夕食も昼食を基調にしているが、13日の夕食については、昼食とは全く別の食卓の風景となった。

2003年	新暦	農暦	イスラーム暦	夕食
2月12日（水）			犠牲祭	（親戚の家）
2月13日（木）				炒飯＋牛肉スープ＋おかず
2月14日（金）	情人節	元宵節前夜（正月十四）	集団礼拝	白ゴハン＋鍋＋おかず
2月15日（土）		元宵節（正月十五）		白ゴハン＋鍋＋おかず
2月16日（日）				白ゴハン＋鍋＋おかず
2月17日（月）				白ゴハン＋鍋＋おかず
2月18日（火）				白ゴハン＋鍋＋おかず
2月19日（水）				白ゴハン＋ブタスープ＋おかず
2月20日（木）				白ゴハン＋鍋＋おかず
2月21日（金）		祖父の弟の命日	集団礼拝	（記録なし）
2月22日（土）				白ゴハン＋練り物スープ＋おかず
2月23日（日）		友人の結婚式		（記録なし）
2月24日（月）				白ゴハン＋練り物スープ＋おかず
2月25日（火）				（記録なし）
2月26日（水）				（記録なし）
2月27日（木）				（記録なし）
2月28日（金）		友人の婚約式	集団礼拝	白ゴハン＋鍋＋おかず

写真1　練り物の鍋とおかず 　　　　写真2　練り物の鍋とおかず（写真は昼食）

写真3　市場で売られている練り物の数々 　　写真4　冷凍の練り物のときもある。青菜は別盛り

（2）牛肉の日

時　　　2003年2月13日（木）

場所　　秀麗自宅

支度　　秀麗

食卓に並んだもの

   1．炒飯

   2．牛肉のスープ

   3．ハムとタマゴ炒め

   4．牛肉とタマゴ炒め

   5．カリフラワー炒め

第3章　食の風景　　53

配膳と食具
- スープを中心におかずを並べる
- 碗、箸、匙
- 妹が父、母にごはんをよそう

参加者　秀麗、妹、母、父、私

席の配置・順番
- 秀麗が料理に使った鍋や包丁を洗いに行っている間に、父親はゴハン1杯食べて寝室に戻った。
- 洗い物を終え、空いた席に秀麗が座って食べた

牛肉について

16時頃から、秀麗は牛肉の下処理を始めた。

「市場で売っている牛肉はあまりおいしくないんだよね」

牛肉は前日に清真寺でもらってきたものだ。その日の前日はイスラームの祭日である犠牲祭[1]だった。2003年の犠牲祭では、外国人ムスリムが牛1頭を清真寺に寄付した。外国留学経験のある地元の回族ムスリムが応対をしながら、イスラームの方法に従って血抜きまでを行なった。漢族の専門業者に依頼して行なわれた。物珍しげに立ち寄る人びとの中には、内臓を売ってくれと青年に交渉するものもあったが、「これは売れないものだ」と断られていた。解体の終わった肉は、一部は教長楼の冷蔵庫に保管し、一部は集まったムスリムや関係者に配られたのだった（写真5）。

ムスリムもムスリムでない仏教徒の家族も犠牲祭で屠った牛肉を分かち合う。

調理

秀麗は牛肉をたらいに入れ、お湯を注いだ。肉の外側が熱で変色するくらいの温度である。たっぷりの塩を加えて牛肉を揉む。私も筋を剥がし、肉の塊を切り

- [1] イスラーム暦（ヒジュラ暦）の第12の月に行なわれる祭日イード＝アル・アドハー。メッカ巡礼の最終日にあたり、巡礼に参加していない人も動物を捧げて祝う。中国語では「古爾邦節」といい、イスラームを信仰するとする少数民族の民族の祭日でもある。

写真5　犠牲祭で牛の解体を見守る人びと

分けるのを手伝だった(写真6)。

　切り分けた肉に、ショウガと酢、水、トウガラシ油、味精、塩、当帰を加えて圧力釜にいれた。「豚肉のときは、こんなに酢は入れないんだけど」と、酢を鍋に追加した。

　ここまで準備したところで、炒め物をつくるには時間が早かったので「(炒め物は)30分になってからにしよう」と秀麗はいったんテレビのある部屋に戻った。私も肉を切ったまな板、包丁、ハサミ、タライ、フキンを洗ってからテレビに戻った。

写真6　台所での調理

　しばらく家族全員で映画を見てから、再び厨房に戻り、炒め物をつくった。炒め物が全て終わってから、秀麗は炒飯つくりにとりかかった。

第3章　食の風景　55

冷えたゴハンの活用と炒飯

　炊飯器に残っていた白ゴハンをしゃもじ用いて塊を小さくしていった。まず卵をいため、細かく切ったハムをいれて火が通ったら碗に戻す。鍋に油をたっぷりとひき、大量の白ゴハンを入れた。お玉で切るように混ぜたり、押しつぶしたり、ひっくり返してしばらく暖め、炒めた卵とハムを入れた。しばらく炒めてから塩、味精を入れ、ぽろぽろになるまで炒めた。鍋から炒飯を炊飯器の釜に戻して保温。

　炒めている途中、「炒飯食べてみる？」と聞かれ味見をさせてもらった。とてもおいしかったのだが、「おいしくないでしょう？　これじゃなくてゴハンを食べなさい」と言われた。

信仰と食事

　イスラームでは食べ物についての制約があり、物によってその繊細さが異なるものの、多くの場合、ブタについては焦点となりがちである。

　地元のムスリム青年の中には、福建省以外の地域でのアラビア語学習に参加してムスリムになって以降のブタに対する対応は人によって異なる。日常生活の中で、それぞれがやりくりしている。例えば、ブタの入っていない料理を選ぶ、料理店で注文する時にハムや鶏の出汁を使わないように頼む、清真かベジタリアンの素食、海鮮のお店でしか食べない、つきあいで同席するにとどめるなど。

　ある時、秀麗が「クルアーンを長いこと読んでいない」とつぶやいた。「読んでみたら」と私が言うと「今の私にはできない」と答えた。「ムスリムでもあり仏教徒でもある」という彼女ではあるが、複雑な思いがあるようだ。

　当時は秀麗の結婚にむけて仲人が何人もの候補の男性を紹介している時だった。紹介された中に、泉州で靴屋を営むキリスト教徒の男性がいるという。家も同じくらいのところで、少し会ってみるのが楽しみだと話していた。結局、数年後に秀麗は同じ陳埭の仏教徒の回族男性と結婚することになるのだが、こうした複数の宗教の同時存在と寛容性が見られる。

間食（零食）

（1）朝食と昼食の間

時　　　2009年8月9日　10：00頃
場所　　秀麗の実家
食べた物　せんべい
姿勢　　立ったまま

　私たちにもなじみのあるおやつ。秀麗の実家が改修中で木の枠組みで子どもたちと遊んでいた時のものである。立ち食いでもお行儀が悪いとはならない。せんべいを囓りながら、走り回った（写真1）。

（2）昼食と夕食の間①

時　　　2005年3月27日　15：30頃
場所　　青陽、市街
食べた物　土笋凍（ホシムシの煮こごり）
姿勢　　立ったまま

　秀麗のイトコのお店に遊びに行った時のことである。彼女の経営する服装店で過ごした後、市場にでかけ、帰り際おやつを買った。

［上］写真1　朝食と昼食の間
［下］写真2　昼食と夕食の間——土笋凍

　土笋凍は、泉州周辺のローカル・フードの1つである。海の砂地に生息するホシムシ類を煮て固めたもの。このあたりでは生ニンニクのみじん切りと醤油で食

第3章　食の風景

べる。爪楊枝にさして食べる。この後さらに、サツマ揚げと揚げモチを買って食べながら歩いて店に戻った(写真2)。

(3) 昼食と夕食の間②

時　　　2009年8月7日(金)16：00頃
場所　　泉州森林公園
食卓に並んだ物
　　　　1．水
　　　　2．ニワトリの爪
　　　　3．揚げ豆腐
　　　　4．ダイコンの甘酢漬け
　　　　5．鶏の唐揚げ
　　　　6．青菜炒め(チンゲンサイ)
　　　　7．醤油
　　　　8．爪楊枝
配膳と食具
　　　　●取り皿(1人1枚)
　　　　●割り箸
姿勢　　屋外の折りたたみ式テーブル、プラスティック製の腰掛け
参加者　秀麗、広明(秀麗の夫)、梅艶(秀麗の娘)、弟嫁、甥(弟の息子)、甥(秀麗の夫の兄の息子)、私
席の配置　小さい子どもの隣に母

　雨上がりの金曜の午後、泉州の森林公園に遊びに行った。以前は、泉州市街をぐるりと経由しないと辿りつけない場所だったが、現在では橋ができて、車で小1時間もかからない。

　緑の中を汗だくになって散策した。子どもたちは元気だ。公園内中腹の広場で料理を注文した。出来合いのニワトリの爪や揚げ豆腐など。青菜炒めは注文を受けて炒める(写真3)。

ニワトリの爪は、口の中で関節を外しながら食べ、骨は机の上に出す。

　食卓の上は一見、しっかりとしたごはんのようだ。この後、家に帰って1時間後には、夕食になった。

写真3　昼食と夕食の間——公園での零食

（4）夕食と朝食の間①

時　　　2010年3月1日（月）21：30頃

場所　　青陽、ケンタッキーフライドチキン

食卓に並んだ物

1．コーラ
2．ポテト
3．チキンバーガー
4．シーフード棒

配膳と食具

- お盆、紙コップ
- 手食

姿勢　　店内の机・椅子

参加者　秀麗、広明、梅艶、私

　夕食後の夜食。ケンタッキーフライドチキンとマクドナルドは、24時間開いている。子ども用のおまけもあり、月に何度も夜食に来るという。自宅の応接セットにはたくさんのおまけが広がっている。もちろん、この日もしっかり夕食は家で食べている。

写真4　夕食と朝食の間——ファストフードは子ども向けサービスが充実

写真5　夕食と朝食の間——4人でつまんだもの

　ファストフードは食事と食事の間に若い夫婦や友人がたちが集まる、零食の場所だ（写真4、5）。

第3章　食の風景　　59

（5）夕食と朝食の間②

時　　　2010年9月13日　23：00頃
場所　　青陽、母方イトコの家
食卓に並んだ物
　　　1．ジュース
　　　2．「焼魚」
配膳と食具
　　　●プラスティックコップ、ストロー
　　　●鍋
姿勢　　ベッドと空箱に腰掛けて
参加者　秀麗、梅艶、秀麗のイトコ、私

　「焼魚」は、四川料理の辛い料理で魚が1尾丸ごと入っている。ケータリングで器具ごと配達されたものである。白菜、ネギ、モヤシなどたっぷりと野菜が入っている。スープは真っ赤で山椒がきいている。イトコの自宅を出てから、秀麗の家への帰り道、屋台に寄って夫用の夜食を購入した（写真6、7）。

写真6　夕食と朝食の間

写真7　持ち帰り用の夜食を購入

1日の中の零食の位置づけ

　朝食と昼食の間、昼食と夕食、夕食と朝食の間に食べること零食という。朝食・昼食・夕食がおおよそ時間が決まっているのに対して、零食はその間にあって時間帯の傾向はほぼないが、夜食については21時頃にも思えてきた。

　間食や軽食といったことばがしっくりとくるのは、小腹が空いた時に鍋の中の残り物や戸棚の残り物のオカズやおかしをつまむイメージである。しかし、ここでの零食は、スナック菓子や茶卓の果物塩漬けなどの軽いだけではない。白ゴハンと食べたら1食になりそうな料理まで様々だ。ゴハンとは食べないので「零食」というのかもしれない。

　零食の特徴は、零食のために料理をすることがないこと、白ゴハンがないこと、飲み物を伴うことだろうか。

　ところで子どもの場合は、大人と異なり、食事に行く前に碗一杯のゴハンを食べさせるようだ。とくに外食の前に顕著である。子どもにとっては、ゴハンの前のゴハンが食事なのか、出かけて食べたゴハンが食事なのか、不明である。

第3章　食の風景　　61

写真1　家庭での茶

写真2　オフィスでの茶

茶を飲む

　茶器をつかって茶を入れることは1日のうち何回でも行なわれる。個人宅やオフィスに必ず茶盤と茶器一式がある。人が集まったとき、家を訪問したときなど機会がたくさんある。けっして1人では行なわない。

　茶壺に湯を注ぎ、各人の茶碗に注ぐのはホストあるいは最もホストに近しい人の仕事である。茶の入れ方は作法が整っており、老若男女みなが身につけている。

　お茶を入れてもらった時は、指先でトントンと机を叩く。茶杯はおちょこのように小さな杯で、すすり飲む。香りがなくなるまで何度も湯を注ぐ。茶器は洗わない。沸騰した湯を注ぎ、ピンセットで杯をつまみ、縁と縁をこすり合わせて皆で使う。

　干梅（甘いウメ干し）あるいは瓜子（スイカなどの種を乾燥させたもの。塩味）、蜜餞（果物の砂糖漬け）などが茶卓に常備してある。これらは、あまり水分を含んでいない小さなものが好まれる。ここ数年では、プチトマトの蜜餞も登場した。

　集まった人でテレビを見ながら茶を飲む風景がよく見られる。茶は日々の暮らしに欠かせないものである。

［上］写真3　小さな茶杯　［右］写真4　テレビを見ながらお茶をする

家での食事——茶を飲む

誕生日

　その日はめずらしく朝早くから秀麗から電話がかかってきた。娘の従姉妹にあたる女の子の誕生日で1日お祝いをするのだという。

　満16歳の誕生日は、盛大に行なわれる。子どもは生まれてから16歳まで七娘媽の保護のもとにあると考えられ、毎年旧暦の7月7日の七娘媽の生誕日を祝う。満16歳になると七娘媽の庇護を離れ、「おとな」になったとされるのだ（写真1）。

　朝の10時前、広明のお兄さん家族の自宅を訪れると、人びとは皆、赤い服を身につけている。大画面のテレビをつけて、応接セットを囲み、茶を飲む。薄いガラス製の茶器で、小さな茶杯に紅茶を注ぎ、みなで使い回す。

時　　　　　2010年2月28日（日）10：00前〜17：00、20：00〜
場所　　　　家庭（陳隷）
料理　　　　煮込み麺
作り手　　　母親
配膳と食具　碗、箸

　座ってすぐに、碗一杯の煮込み麺がふるまわれた。豚肉、豚肉ツミレ、牡蠣、ザーサイと具だくさんである。（写真2）

　誕生日を迎えた梅春は、バスで1時間ほどの中学で寄宿生活をし

写真1　子どもを守護する七娘媽

第3章　食の風景　63

写真2　具だくさんの麺　　　　　　　　写真3　祭壇の供え物

ている。週末には自宅に帰って過ごすのだという。

　居間の祭壇の前には、供え物が置かれている。
　魚、鶏、豚肉。芋頭（タロイモ）、紅を散らしたカリフラワー、麺、鶏卵、練り物、イカ、ブタのアキレス腱などブタの様々な部位、酒、お菓子など。箸と酒の注がれた酒杯、葉物を炊き込んだごはんを盛りつけた碗が7組。この7組の食具はすべて赤い（写真3）。
　10：30になると、本日の主役の梅春は、プレゼントの服と金の首飾りを身にまとい、両親とともに七娘媽に拝拝（祈り）をした。玄関外で紙銭を燃やしてから、供え物の酒杯の中の酒は瓶に戻し、供え物はそれぞれ袋に入れた。乾物とインスタントラーメンの供え物は、1組おかあさんの実家に返した。

時　　12：00過ぎ
場所　居間
　　　　机と椅子を出して2つの席が作られた
食卓に並んだ物
　　　1．蒸し蟹
　　　2．イカとサヤインゲンの炒め煮
　　　3．ハタの姿蒸し
　　　4．蒸しエビ
　　　5．揚げ物

64　家での食事——誕生日

写真4　女性と子ども席　　　　　　　　　写真5　ホテルでの会食後の誕生日ケーキ

　　　6．とろみのあるスープ
　　　7．澄んだスープ
　　　8．ブタのアキレス腱の煮込
　　　9．ジュース

配膳と食具
　　　家の碗と仕出しのプラスティック碗、割り箸、プラスティックコップ
　　　後片付けが楽になるよう、赤いビニールを敷く

姿勢　　丸テーブルに椅子

　12時過ぎ、玄関のベルが鳴り、仕出し料理が到着した。皆の祝いの席なので飲み物も食事と一緒に飲む。
　海鮮を中心とした料理のセットである（写真4）。
　食後は大人は麻雀、子どもたちは自室でパソコンゲームをしたり、テレビを見たり、17：00頃にホテルに移動するまで、それぞれで過ごした。

　ホテルでの会食が終わってから、再び近しい親戚は家に集まり、誕生日ケーキにロウソクを立て、歌を歌って祝った（写真5）。

第3章　食の風景　　65

普渡

　普渡（プートゥー）は農暦の7月に行なわれる地域の民俗行事である。仏教の盂蘭盆（うらぼん）と道教の祖先祭祀である中元節（ちゅうげんせつ）とが習合したものとされる。1ヵ月間にわたって、村ごとに祖先から伝わる日取りがあり、普渡の日は村によって異なる。現在は、日中に準備をし、夜は各家庭で親族、友人、客を招いて会食をする。

時　　2010年9月8日（火）20：00〜21：30頃
場所　岸兜村　1階の事務所
食卓に並んだ物
　　1．涼盤（酢漬けダイコン、カシューナッツ、クラゲ、揚げタロ芋、豚舌）
　　2．ブドウ
　　3．魚のスープ
　　4．蒸しイカ
　　5．蒸しエビ
　　6．鶏肉のショウガ炒め煮
　　7．蒸し魚
　　8．ダイコンとすりみのスープ
　　9．蒸しカニ
　10．ネギと鹿肉の炒め物
　11．醤油小皿
　12．ジュース（男性席ではビール）

配膳と食具
　　● 仕出しの器と家の器を併用して盛りつけ
　　● プラスチック製の碗、コップ、匙、割り箸
　　● この家の女性と子どもが料理を各テーブルに運ぶ
姿勢　折りたたみ式丸テーブルにプラスチック製腰掛け
参加者　親族

写真1　取り分けたハタ類のスープ　　　　　写真2　ハタ類を蒸したもの

料理の内容について

- 前菜の盛り合わせの涼盤では、ダイコンが残った。
- 海鮮の蒸し物は好みに合わせて醤油を付ける。
- スープと蒸し魚に用いられた魚はいずれも、石斑魚（ハタ類）の1種である。中国語の石斑魚は、日本ではアラやハタなどの名称で知られるスズキ目の海水魚の総称である。くさみがなく、肉質が柔らかいハタ類は、祝い事や宴席では欠かせない。

会食に参加すること

　夏に福建を訪問すると、普渡の時期に重なるのでこれまで何度か他の家庭の普渡にも参加させてもらった。2005年のある家庭の普渡では、同席した女の子たちがほとんど食べず、料理に軽く箸をつけるだけだった。

　普渡は各家庭で行なうので、日にちが重なることもある。2005年の夏には、1日に2つの普渡に参加した。

　1つめは友人の姉の嫁ぎ先の家で行なわれた。子どもとテレビを見たりしながら20時になるのを待った。箱でいっぺんに10皿の料理が運ばれてきた。友人のムスリムである青年は、海鮮と料理のなかの豆腐だけを食べた。20分程で席を辞し、バイクで青陽に向かった。

　2つめは青陽の4つ星ホテルで開かれた普渡の会食である。友人のおば（父親の妹）の家が招待した宴であった。女性と子どもの席に座る。会場に着いた時には8品目まで料理がすでに卓上に並んでいた。ここでも、ハタ類の蒸し料理が出さ

第3章　食の風景　67

写真3　机に乗らなくなると料理の入った皿の上に皿を重ねる

れ、最後の甘い菓子と甘いスープで締め括られた。

「魚料理は『年年有余（＝有魚）』、甘いスープは『天天美美（＝甜甜美美）』、宴席はこういうに同じ音のめでたさにちなんでいるんだ」と、友人である地元のムスリム青年。こうした知識は自分は詳しくないけれど、親とか親戚とか友人から聞いたのだという。

甘物が給仕された時点で席を立つ人が多いように、実際に食べるかどうかは別として、同じ料理を共有する、同じ場に居合わせることに意味があるのかもしれない。

地域の民俗習慣とイスラーム

「ムスリムは普渡をしないけれど、ここではするんだ」と地元のムスリム青年は教えてくれた。

ムスリムが普渡を過ごすことについては、問題とする考え方もある。食卓だけをとっても、会食の主催家族は普渡の儀礼として、祖先や天帝、境主に祈りを捧

写真4 別の時の普渡の食卓

げるなど、普渡の行事自体が祖先祭祀や偶像崇拝につながることから、イスラームとは相容れないという考え方もある。

　また、普渡の会食の要は、持てなし持てなされることにあるので、一般的には男性席で酒が大いに消費される。「一番の問題はお酒だね。酔っ払い運転にケンカとか」とはムスリム青年のことばである。村内の生活環境が乱れるという点でも、近隣で暮らす内陸出身の回族や、清真寺のアホンなど普渡を過ごすことをよしとしないようだ。鎮政府も再三にわたって普渡での宴会を禁止するする通告を出している。イスラーム的価値観と政策が同じ態度であるのも興味深い。

　一方で地域の慣行としての普渡での宴会は、そこで生まれ育った人びとにとっては、1年の生活のリズムの中に組み込まれた習慣である。親族や友人とのつきあいもある。地元のムスリム青年は、食べる料理や具を選択しながら参加したり、普渡をよしとしない人の前では「普渡に行くのではないよ」と言ってから参加するなどの算段をしている。

第3章　食の風景　69

婚約と結婚

　この地域の結婚には複雑な慣習がある。婚約の日も、1日儀礼と会食が行なわれる。私は会食には参加しなかったので、食卓の様子は不明だが、地元のやり方とイスラームのやり方をどのようにすり合わせているかについての1例として、婚約の昼を紹介したい。

時　　　2003年2月28日（金）12：00頃～
場所　　文華自宅2階
食卓に並んだ物
　　　1．甘いタマゴ
　　　2．ジュース
　　　3．タバコ
配膳と食具
　　● 丸テーブル、腰掛け
　　● 碗、箸、匙、コップ
席の配置
　　　2階に婚約する2人の男性親族
　　　1階に婚約する2人の女性親族

　婚約の日には、新郎と新郎の男性親族が贈り物を新婦の実家に届ける。新婦は、新郎方の親族・友人に茶を勧め、甘いタマゴを振る舞う（写真1）。
　日取りは、主麻（金曜の集団礼拝）の日が選ばれた。新婦となる文華はシリアへの留学経験のあるムスリムで、石獅で働いている。新郎となる上志は、福建の外に出てアラビア語やイスラームを学習した経験はないが、地元でムスリムになった青年である。
　家の外の路地では昼の会食の準備が進められている（写真2）。招待客が飲み物を飲んだりタバコをすいながら時間を過ごすなか、私たちは文華の自室に入っ

写真1　新婦方から新郎方へふるまわれた甘いタマゴ

写真2　路地で会食の準備が行なわれた

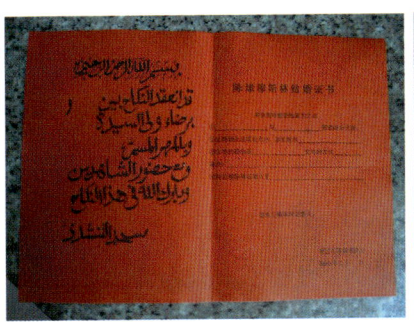

写真3　清真寺が発行した結婚証書

写真4　ドゥアを行なうアホンと結婚する2人

た。文華と上志、アホン、証人となる3人の友人と私である。他の人たちは何事かという視線を向けていた。

　文華の自室で、アホンと証人の見守る中、2人は誓いを交わし、清真寺でつくった結婚証書に署名をした。証人の3人も署名をして、最後に全員でドゥア（お祈り）をしましょうとアホンが声をかけ、個室でのささやかな「結婚式」は終わった。

　部屋を出ると、席はちょうど最初のスープが運ばれているところだった。私たちはそのまま文華の家を辞し、清真寺へ向かった（写真3、4）。

　地元のやり方とイスラームのやり方をすりあわせている。日取りの選び方、アホンの招聘、結婚証書への署名、これらはムスリムではない親族からは離れた空間で行なわれた。地元の婚約の方法に、イスラームの方法を合わせることで、可能な範囲でムスリムとしての結婚をしようとした2人の工夫が見られる。

第3章　食の風景　71

2. 信仰の場所での食事

観音廟

時	2011年2月18日（土）10：00少し前
場所	廟
料理	1．湯圓
	（2．煮込み麺）
食具	碗、箸、碗

　陳埭では、民間信仰が盛んで、各村に廟がある。

　普段の参拝から、村ごとの守り神である境主の誕生日、観音の誕生日、出家日、卒日（亡くなった日）などは大勢の人が訪れて、供物を捧げ、焼香をする。いずれも日取りは農暦に基づく。

　雨が降る中、赤い服を身につけたたくさんの女性が集まっている(写真1、2)。線香を供えてから、裏に回り、甘い団子汁をいただく。特別な日には廟で食べ物をふるまう。参拝を終えた人は、自分で碗に入れ、食べ終わってから水で洗い碗を返す。赤い団子は中身がなく、黄色い団子は中にピーナッツが入っていた(写真3)。

　昼時には、「斎麺」が振る舞われるという。斎麺は、肉類を一切使わない素食（ベジタリアン）の煮込み麺である。

　廟の裏手では、麺の準備が進められている。その場で食べたり、持ち帰ったりもする。(写真4、5、6)

写真1　廟に集まったさまざまな世代の女性たち

写真2　線香を掲げ参拝する

写真3　ふるまいの甘い団子汁

写真4　食具

写真5　籠に盛られた麺

写真6　肉を使わない麺の具

第3章　食の風景　73

清真寺：金曜礼拝

　毎週金曜日の昼過ぎは集団で礼拝を行なう。清真寺では教長楼で食事を用意して、礼拝に訪れるムスリムたちに提供している。アホンが滞在しているときは主にアホンとその家族が、アホンが不在のときには地元と内陸出身のムスリムが適宜、食事を作る。

　食卓の風景のうち、場所と食具、席の配置と姿勢はほぼ共通している。

場所　　教長楼1階
食具　　碗、箸
配膳　　おかずは種類ごとに大皿に盛りつける
席の配置と姿勢
　　　●アホンは木の椅子
　　　●その他は、木の椅子かプラスティック製腰掛け

清真寺

　清真寺は岸兜の祠堂と観音廟である海光堂に隣接している。もともと1989年に「老人活動センター」として建設された。当初は、建物の壁面にアラビア文字で「マスジド」と書かれているのみで、漢字の表記はなかった。住民はそれが何の建物であるのか知らず、ある女性は、自分の子供が清真寺に通うようになってはじめて知ったと教えてくれた。その後、改築が重ねられて外観のイスラームらしさが付け加えられていった（写真1）。

清真寺にあつまる人びと

　1990年代に入って、陳埭でアラビア語学習班が組織され、中国国内各地のアラビア語学校あるいは清真寺に当時10代の青年たちが派遣された。青年たちは、派遣先でイスラームに出会い、学び、ムスリムとなった。彼らが現在の清真寺での活動の中心を担っている。

写真1　清真寺の建物。2階が礼拝場所　　　写真2　礼拝の様子

　地元の回族ムスリム青年のほか、2000年ごろから、近郊都市（主に青陽、石獅）で働く内陸出身の回族やウイグルなどのムスリム、貿易などを営む中東などのイスラーム諸国出身の外国人ムスリムが集まり、清真寺は国内外のムスリムが集まる交流の場となっている。地元のムスリム青年は、国内のムスリムを「外地的ワイティタ」、外国人ムスリムを「老外ラオワイ」と総称する。

　内陸出身のムスリムの出身地は、寧夏、新疆、甘粛、湖南、河南などである。外国人ムスリムはアルジェリア、エジプト、ヨルダン、シリア、UAE、パキスタンなどである。いずれも近郊の青陽、石獅の貿易会社、工場、清真料理店などの経営者や雇用者である。靴および衣服産業の関係者がほとんどだ。彼らは仕事の機会を求めてこの地に滞在し、取引先や親戚、友人などの紹介で陳埭清真寺を訪れるようになった（写真2）。

（1）作り手：地元回族ムスリム青年

時　　　1998年3月

食卓に並んだ物

　　　　煮込み麺

配膳と盛りつけ

　　　　鍋から碗に麺を取り分けて好きな場所で食べる。匙は用いない

　10：00過ぎ、麺の素材を買いに市場へ行った。生麺、アゲマキ貝、チンゲンサイを買って戻ってきた。アゲマキ貝はこの地域の名産の1つで、養殖が行なわ

第3章　食の風景　75

れている。

　中庭の水道でアゲマキ貝の殻をはずし、泥を落とす。教長楼の台所で調理を始める。鉄鍋でアゲマキ貝とチンゲンサイをニンニクとともに炒め、水を加えて煮立ててから、生麺をそのまま入れて煮込んだ。12：00には簡単に昼食をすませる。中庭に腰掛けを出したり、テレビの置いてある部屋、教長楼の入口の低い机の前の腰掛けに座るなど、皆それぞれの場所で食べた。使い終わった食器は、自分で洗う者もいれば、台所の流しに置いておく者もあった。

　地元のムスリムでない回族青年も一緒に食べた。この頃の清真寺では、普段の集団礼拝の日に外国人ムスリムの姿はまだ見られない。

（２）作り手：内陸出身回族ムスリム（河南、甘粛）

時　　　2005年9月9日（金）

食卓に並んだ物

　　　1．白ゴハン
　　　2．トマトとタマゴ炒め
　　　3．白菜炒め
　　　4．ショウガキュウリ
　　　5．タマネギ炒め
　　　6．牛肉ニンニクの芽炒め

配膳と盛りつけ

　　　おかずをテーブルの中央に並べる。スープなし。

　味付けをした青年は、塩を入れすぎた、全部しょっぱいと言う。地元のムスリム青年は、トマトとタマゴ炒めと白菜炒めを指さしながら、「これとこれ、見てすぐ北方のだってわかる」と言う。同じ料理でも南方のだともっと「淡」だと言う。料理の見ため、味付けが北方の方が濃い（写真3）。

　この日は、陳埭へ来て1ヵ月半になる河南出身の回族男性が味付けをした。地元回族青年の紹介で通訳の仕事をしている。「暮らしはどう？」と青年が尋ねると「やっぱり食べ物がちょっと困る……」という。清真料理店も少ない。「シーフー

写真3　教長楼1階での食事　　　　　写真4　鶏肉とジャガイモの炒め煮込みほか

ドやベジタリアンの店で食べるという手もあるよ」と地元の青年が言うが、どうにも慣れないとのことであった。

(3) 作り手：アホンとアホンの奥さん（いずれも西安出身）

時　　2009年8月7日（金）

食卓に並んだ物

1. 白ゴハン
2. 鶏肉とジャガイモの炒め煮込み
3. 青菜炒め
4. モヤシ炒め
5. ピーマンとインゲンの炒め物
6. キュウリとタマネギの和え物
7. 牛骨スープ

配膳と盛りつけ

おかずを並べる。スープは後からアホンが持ってきて、おかずの中心に置いた。

　鶏肉とジャガイモの炒め煮込みは、西北地方とくに新疆の料理として知られる料理である。トウガラシ、ニンニク、ショウガ、ネギの香味野菜とともに、花胡椒、八角といった調味料を加えて炒め煮にする。清真寺では鶏肉のかわりにウサギ肉を使うこともある。

写真5　スープを中心に置いた配膳　　　　　　　　　　　写真6　1つの鉄鍋で料理する

　キュウリとタマネギの和え物は、生のキュウリとタマネギを薄切りにして生ニンニクと塩と酢で和えたもの（写真4）。
　後からアホンがスープを持って来ると地元の青年が「おお！スープ！アホンもスープに慣れたね」と声をかけた（写真5）。

（4）アホンの奥さんの作った食事

時　　　　2010年2月26日（金）

食卓に並んだ物

　　　1．白ゴハン
　　　2．牛の脾臓炒め
　　　3．羊のスペアリブ炒め煮
　　　4．チンゲンサイ炒め
　　　5．ブロッコリー炒め
　　　6．豆モヤシ炒め
　　　7．鶏肉とジャガイモ炒め煮

配膳　　　6つのおかずを2×6に並べる

　朝から湿度が高く、「今日は結露がすごくって！」と言いながら師娘（アホンの奥さん）が教長楼の1階にある厨房で料理をしている。「脾臓は身体にいいの、血を補ってくれるんだ」と師娘。牛の肉と脾臓をネギと炒める。すべての料理が鉄鍋1個で作られた。材料はすべてあらかじめ切っておく（写真6、7）。
　「私は辛めが好きなんだけど、ここの人は辛いのは"上火"だって、だめなのよ」
　「上火」とは、身体のバランスがくずれて調子がおかしくなることである。私

たちの「のぼせる」という感覚に近いだろうか。

　この日の礼拝は35人ほどが集まった。食事に参加したのは、その中の一部の内陸出身の回族で礼拝後はすぐに帰った。この日は地元の回族は家で食事をしてから集まり、礼拝後は教長楼でお茶を飲んだ。外国人ムスリムの姿はなかった。後日、青年に尋ねてみるとこの期間は旧正月のため商売相手が全部休みだから外国人ムスリムは帰国しているとのことである（写真8、9）。

（5）作り手：地元回族ムスリム青年

時　　　2011年2月18日（金）

食卓に並んだ物

　　　　1．麺
　　　　2．アヒル肉とハクサイの八角煮込み
　　　　3．チンゲンサイ炒め
　　　　4．ニワトリの小腸とレバー炒め

配膳と盛りつけ

　　●具、おかずを大碗に、おたまを添えて
　　●ゆでた麺を各自皿に入れ、食卓で野菜炒めを載せる
　　●アヒル肉、小腸などは大皿に直箸でつつく

　昼に礼拝に訪れた青年が食事がないのに気がついて、その場で市場に材料を買いに行き作った食事である。麺は市場で購入した平たい麺。外地で処理された冷凍のアヒル肉が用いられた。すべての料理に花椒（サンショウ）が使われた。小腸には塩を加え水を入れて良くもみ洗いする。チンゲンサイは、1枚1枚葉をすべてはずし、2.5キログラムをすべて炒めた（写真10、11）。

　具載せ麺のため、普段はおかずを入れている大きめの縁有り皿を各自の皿として用いた（写真12）。

写真7　牛の脾臓

写真8　チンゲンサイ炒め

写真9　豆モヤシ炒め

写真10　アヒル肉とキャベツの炒め煮

写真11　大量のチンゲンサイを洗う

写真12　具を麺に載せて混ぜて食べる

80　信仰の場所での食事——清真寺：ラマダーン：毎日の日没後の食事

清真寺：ラマダーン：毎日の日没後の食事

　イスラーム暦の第9番目の月のラマダーンには、次の新月が目視されるまでの1ヵ月間、日中の断食が行なわれる。この期間、清真寺では毎日の日没後の食事を提供する。

　午後から夕食の支度をはじめ、日没を確認したら牛乳や果物を食べる。礼拝をして食事をし、次の礼拝まで教長楼で過ごす。

　食事をする場所は、人数や天候によって異なる。普段は、教長楼の1階で男女一緒に食べる。参加人数が多い場合は、男性席と女性席とが別に設けられるが、それほど厳密でもない。

（1）2005年のラマダーンのある夕食

時　　　2005年10月30日（日）
場所　　教長楼1階

食卓に並んだ物
　　　1．白ゴハン
　　　2．ヒラタケと羊肉炒め
　　　3．ピーマンと羊肉炒め
　　　4．キュウリ
　　　5．チンゲンサイとタマゴ炒め
　　　6．セロリと羊肉炒め
　　　7．レンコン炒め
　　　8．赤ピーマンと羊肉炒め
　　　9．羊の骨付き肉の辛味スープ

配膳と食具
　　　大皿に入れ、セロリと羊肉炒めを中心に丸く配置
　　　碗、箸

作り手　寧夏出身の回族女性、石獅で服装貿易の会社を経営。

羊肉は全てまとめて炒めておいてから、それぞれの料理にしようした。羊骨スープは、他のおかずをかなり食べ進んでから厨房から出された（写真1）。

（2）2010年のラマダーンのある夕食

時　　　2010年9月6日（日）
場所　　中庭
食卓に並んだ物

  1．白ゴハン
  2．揚げ魚
  3．餃子
  4．キュウリの和え物
  5．トマトとタマゴの炒め物
  6．鶏肉炒め煮
  7．羊肉のスープ

配膳と食具

  スープを中心におかずを配置
  碗、匙、箸

作り手　地元の回族ムスリム青年
席の配置

  中庭に机と長椅子を3つ出し、それぞれ、①新疆の人、老人、アホンの席、②新疆の人と男性の席、③子どもと女性の席とに分かれて座った（写真2）。

写真1　ラマダーンの期間、日没後に清真寺で夕食をとる

写真2　揚げ魚は前夜のものを利用

　揚げ魚は、前日の御稜威の夜の残りものだ。御稜威の夜はラマダーンの最後の10日のうちの奇数日の1日であり、最も祝福される日とされる。一般に、この日は夜通しでクルアーンを読み、礼拝を行なう。日没後の食事の参加者も他の日比べて多く、たっぷりと食事を用意する。

餃子は新疆からの客人が持もってきたものである。

（3）2011年のラマダーンのある夕食

時　　　　2011年8月29日（月）19：00頃
場所　　　大殿の建物屋根下
食卓に並んだ物
　　　　1．白ゴハン
　　　　2．鶏肉のスープ
　　　　3．ハクサイ炒め
　　　　4．エノキ茸炒め
　　　　5．蒸しエビ
　　　　6．タロ芋と羊肉の炒め物
　　　　7．ハクサイ、ピーマン、エノキ茸の炒め物
　　　　8．羊肉の揚げ物
　　　　9．鶏肉の揚げ物

配膳と食具
　　　　スープを中心に、おかずを並べる。箸、スープ用お玉
　　　　プラスチックのコップがあるが、重ねたまま使われていない。
席の配置　男性席と女性席

　蒸しエビやタロ芋を使った料理はいかにも地元らしい。鶏肉を爪楊枝に刺して揚げた料理は、料理店風である。ハクサイの炒め物2品は濃いめの味付けで、西北地方を思わせる（写真3、4）。

（4）2005年のラマダーンのある夕食後の間食

時　　　　2005年10月29日（土）
場所　　　教長楼外
食べ物
　　　　1．羊肉の串焼き

第3章　食の風景　83

写真3　男女に分かれて設置された席 　　　写真4　鶏肉のスープを中心におかずが並ぶ

2．エビの串焼き
姿勢　しゃがんだり、立ったり

　日没後の食事が終わってから、男性たちは再び浄めをし、礼拝を行なった。男性が礼拝をしている間、女性が教長楼の扉の外で、食べ終わった食器の片づけをし、室内を箒で清掃した。内陸出身者の多くは、礼拝後帰宅した。

写真5　即席の炉で串焼きを楽しむ

　清真寺に残った地元と内陸出身のムスリム青年たちは、教長楼でしばし歓談した後、切っておいた羊の肉と洗ったエビをそれぞれ串に刺す作業をした。地元の回族ムスリム青年が、教長楼の階段の隅で、ブロックで2方を囲って炉をつくり、炭をおこした。

　「串焼きをするよ！」と青年たちが人びとを集め、具を刺し終えた串を炭火の上に並べて、焼き始めた。冊子をつかって時折空気を送り、胡椒、花椒、唐辛子の粉をふりかけ、植物油を塗りながら、丹念に焼く。焼きあがったものから食べつつ、教長楼で歓談が続く。

　串がなくなると、外地ムスリム青年のほとんどが帰宅した。礼拝後に行なわれた串焼きは、普段はあまり清真寺に来れない人びとも参加して、にぎやかに行なわれた。串焼きは、共同作業をしながら共に食べるというレクリエーションでも

あり交流の機会となっている（写真5）。

食事の作り手

　ラマダーンの期間は、毎日の食事の支度が大きな仕事となる。早い日には、午前中から食事の準備を始める。

　調理は、女性と男性とにかかわらず、また地元か内陸か出身にかかわらず、交代で行なわれた。1ヵ月の間、誰が食事をつくるか、相談しながら決められる。1人でずっと作るのは大変なので、せめて2人は欲しいと2ヵ月前から相談をしていた。たまたまこの時期に居合わせた人が作ることもある。もちろん、早い時間から清真寺に来ることができる場合には、下準備などを手伝う。

清真肉

　1ヵ月の日没後の食事かかる費用は2010年の例でおよそ1万5000元から2万元弱。ラマダーン明けの祭りの費用は別である。これらの費用はイスラーム教協会とムスリム個人から出し合ってまかなうとのことである。

　共食でどれくらいの肉が消費されるのか。これも2010年の場合だが、ラマダーンの1ヵ月には、概算で新鮮な牛肉がおおよそ100斤、冷凍羊排50斤、冷凍羊肉100斤。1日でだいたい2～3斤を使うという。1斤が約500グラムなのでかなりの量だ。

　新鮮な羊肉として生きた羊4頭、鶏35羽くらい。冷凍のものは、厦門や福州の清真肉市場から、あるいは直接、内陸部の加工業者から購入して、清真寺の冷凍庫に保管している。新鮮なものは、購入してきてアホンらが処理をする。

清真寺で食事を提供すること

　「串焼きもごはんも、食べ終わって解散では意味がない」と内陸出身者が問題を提起する場面が幾度かあった。それに対し、地元回族ムスリムは、串焼きや教長楼で食べ物を準備して行なう会食もまた、人を集める重要な手段である、と説明した。

　「アラビア語学習に行って陳埭に帰ってきてからは、清真寺に来る人もいるし、

来なくなる人もいる。仕事が忙しい。仕事をしなくちゃ食べていけないし。タバコや酒もアラビア語学習に参加していた期間に数ヵ月から数年やめても、戻ってきてからは、仕事やつきあいで必要になる人もいる。串焼きや食事を通して、少しずつアホンの話を聞いたり、地元と内陸出身者、外国人ムスリムが一緒に勉強したりするきっかけになれば」と偉文は語った。

　他地域のムスリムも多く参加することで、地域ごとのイスラーム、清真寺、ムスリムのあり方の違いが浮かびあがり、時には議論が行なわれる。共食自体が話合いの焦点になることもある。楽しみながら食卓を共有すると同時に食卓は差違を顕在化させる場でもあるのだ。

清真寺：ラマダーン明けの祭日

　新月が目視されると1ヵ月の断食が終了する。翌朝は、世界中でたくさんの人びとが集まって礼拝を行ない、ラマダーン明けの祭日を祝う。

　2011年のラマダーン明けでは、2つの会食が行なわれた。1つめは、集団礼拝後のおおよそ9：00から10：00の間、他地域出身で陳埭近郊に暮らすムスリムをもてなす共食が、清真寺の中庭において行なわれた。もうひとつは、11：00から12：00の間、地元の回族と招待者をもてなす共食がホテルのレストランで行なわれた。ここでは、清真寺で行なわれた食事を紹介する。

時　　　2011年8月31日（水）
場所　　中庭
料理　　1．羊肉と冬瓜、根菜のスープ
　　　　2．羊肉串
　　　　3．揚げパン（丸）
　　　　4．揚げパン（ねじり）

配膳と食具
　　　　教長楼脇に設置した臨時の調理場から、手渡し
　　　　使い捨ての碗
姿勢　　中庭に設置された丸テーブル
　　　　立ったまま、あるいは座って

作り手と前日準備
　　　　新疆出身回族家族、アホン家族、地元青年ムスリム
参加者　礼拝参加者約200名

　羊肉と冬瓜、根菜のスープは、前夜のうちに、羊肉の下処理を行なうなど夜遅くまでかかって準備したものである。家に帰ったのは夜中の2時だったという。
　早朝から野菜を追加し、切り分け、大鍋で煮込んだ。羊肉串は、スープを配り

写真1　大鍋で作られたスープ

写真2　羊肉串

写真4　スープとともに食べる揚げパン

写真5　こちらはゴマ入り

　終える頃から、串に刺した羊肉を焼き始めた。ここでは、普段、商売で使っている焼き台を持ってきて炭焼きにした。
　2種の揚げパンはいずれも、前夜雨が強くなったため、新疆出身の女性たちが店に戻って揚げたものである。
　皆に配られたこれらの料理のほかに、料理を配る合間に、テントの中で食べた物に甘いゴハンがある。甘いゴハンは、大碗の中に干しレーズンや色鮮やかなグミを入れ白ゴハンを押し詰めたもので、手で食べた（写真1～6）。
　作り手が新疆出身の回族であったこともあり、この日の料理は新疆色豊かなも

写真3　焼き終わった羊肉串を配布する

写真6　手づかみで食べるに甘いゴハン

のであった。
　この日の参加者には、回族、ウイグルのほかキルギスの男性など、近郊に暮らすムスリムがモスクに集まり、宗教のそして民族の祭日を祝った（写真7）。

写真7　モスクに掲げられた「各民族ムスリム」ラマダーン明けを祝う垂れ幕

第3章　食の風景　　89

祠堂：ラマダーン明けの祭日

　清真寺に隣接する祠堂で行なわれた、ラマダーン明けの食事の2つの例を見てみたい。1つは2005年、祠堂と清真寺で並行して催しが行なわれ、祠堂の会食が合同になった。もう1つは、2010年、ラマダーン明けの祭日と政府規定の祭日である教師節の日付が重なったため、2日間に分けて行なわれた時のものである。

（1）2005年のラマダーン明けの祭日

時　　　2005年11月3日（木）
場所　　祠堂
食卓に並んだ物
　　　1．乾きもの（炒りピーナッツ、小魚、ラッキョウ、漬物）
　　　2．蒸しエビ
　　　3．エビとキノコのスープ
　　　4．煮込み麺
　　　5．牛肉かたまりの炒め煮
　　　6．揚げウナギ
　　　7．カニの炒め物
　　　8．薄切り牛肉の炒め物
　　　9．蒸しカニ
　　　10．魚の姿蒸し
　　　11．白玉の小豆スープ
　　　12．蒸菓子
　　　飲料
配膳と食具
　　　●料理はそれぞれ大皿に盛る
　　　●個人の手元には、箸、取り皿、レンゲ、コップ
参加者　　1．地元回族ムスリム青年とその家族

写真1　ラマダーン明けの礼拝の様子　　　　　写真2　業者による調理

　　　　　　2．イスラーム教協会
　　　　　　3．回族事務委員会
　　　　　　4．市の民族宗教局
　　　　　　5．各村の村長、老人会
　　　　　　6．福建省各地の親族招待者
　　　　　　7．内陸出身のムスリム
　　　　　　8．外国人ムスリム
席の配置　●関係者ごとの別
　　　　　●男女の別
作り手　　●外部の業者に発注。清真寺の中庭で調理
　　　　　●牛肉については清真寺から清真肉を提供

　2005年のラマダーン明けの祭日は、清真寺では朝8時からムスリムたちの集団礼拝が、祠堂では朝9時から劇団による催しと11時頃から回族事務委員、老人会、各地の宗族関係者の代表者による講話が行なわれた。泉州電視台によって撮影され、その日の夕方のニュースで報道されたという。礼拝が終わるとムスリムたちは、教長楼で牛肉の煮込みや砂糖をまぶした菓子などを食べ、祠堂での催しを裏から覗きに行くなどして、会食までの時間を過ごした（写真1、2）。
　講話の途中から、祠堂の後方では、レストランに発注した会食の準備が始まった。机と椅子が設けられ、乾物やソフトドリンクが用意された。青年たちは、内陸出身者や外国人のムスリムを祠堂後方の席に案内し、思い思いに飲み食いを始

めた。講話が終了すると、祠堂内の前庭、回廊、後室すべてに円卓が設置され、老人たち、招待客、ムスリム、地元の青年がそれぞれ円卓を囲んで会食が始まった（写真3）。

　この日の料理はレストランに外注し、地元の青年ムスリムが相談しながら作成したメニューである。海鮮を中心として、牛肉を清真寺から提供した。献立構成は、現地の祭日に振る舞われる十二道菜の形式をとり、最後の料理は魚の姿料理、甘いスープと菓子で締められた。この会食は12時30分から13時までと、かなり短い時間で終わった。

　祠堂の表側は主に回族事務委員会や老人会、招待客が席についた。外国人ムスリムのほとんどは会食の前に清真寺から帰った。食事に参加した外国人ムスリムは、海外留学経験のある地元のムスリム男性とともに、祠堂の側廊に設置された席に座った。

　祠堂奥の裏側では、主に地元のムスリム青年と、頻繁に陳埭清真寺での活動に参加する内陸出身の青年ムスリムが席に着いた。女性の席と男性の席に分かれたが、内陸出身ムスリム女性は、地元のイスラーム学習経験を持つ女性の席ではなく、男性とともに席についた。地元のムスリムの母親は、女性の席についた。私は会食が始まる前は男性の席にいたが、教長楼にアホン夫人の様子を見に行ってから戻ると、席がなくなっていたため、地元の女性の席で会食をすることになった。

　地元ムスリムについては女性と男性の席は区別される一方で、内陸出身のムスリムと外国人については、女性が男性の席に着くなど、席に関わるルールは緩やかであった。

（2）2010年のラマダーン明けの祭日①

時　　　2010年9月11日（金）
場所　　祠堂
食卓に並んだ物
　　1．羊のスペアリブと根菜のスープ
　　2．羊肉とジャガイモの炒め煮

写真3　祠堂での会食　　　　　　　　写真4　果物や油香は直置き

　　　　3．キュウリの和え物
　　　　4．トマトの和え物
　　　　5．バナナとナシ
　　　　6．油香（小麦粉を練って揚げたパン）
　　　　　ヨウシャン
　　　　7．水

配膳と食具
　　　　●料理は大皿と大碗
　　　　●果物と油香はテーブルに直置き
姿勢　　丸テーブルとプラスティック製腰掛け
参加者　集団礼拝の参加者
席の配置　18席設置、男女の別

　アホンの家族、地元ムスリム青年の家族、新疆出身ムスリムが、清真寺で前日夕方から料理を始めた。夜の礼拝を挟んで夜中まで続けられた。
　夜中の台風で調理場用テントがくずれたが、清真寺の屋根の下に移動するなどしてしのいだ。
　礼拝には100人を超えるムスリムが参加した。会食では祠堂に18のテーブルを設置し、それぞれ料理が置かれた（写真4）。
　羊のスペアリブのスープは、前夜に何度も水をかえ、血抜きを行なってものだ。羊肉のジャガイモ煮は、八角を加えて大鍋で煮込んだものである。油香は、練った小麦粉を薄く延ばして揚げたもので、机に直に置かれた。

第3章　食の風景　　93

写真5　羊のスペアリブと根菜のスープ　　　　写真6　羊肉のジャガイモ煮

　なお、福建の油香は丸いドーナッツ型をしており、新疆や西北地方の油香とは同じ名前でも見た目が全く異なる（写真5～8）。

　この会食はおもに内陸出身のムスリムをもてなすために用意された。20数席分で、おおよそ冷凍羊排100斤、冷凍羊肉25斤（羊肉串用）、牛肉50斤、小麦粉100斤（油香用）、このほか果物、飲み物、調味料など。

　会食自体は20分ほどで解散となった。13時過ぎから金曜の集団礼拝を行ない、油香と冷凍餃子と冷凍団子を配って解散となった。

（3）2010年のラマダーン明けの祭日②

時　　　　2010年9月11日（土）
場所　　　祠堂
食卓に並んだ物

1．パッケージなった前菜盛り合わせ
2．蒸しエビ
3．ビーフン
4．ハタ類のスープ
5．煮豆と煮貝
6．魚の姿蒸し
7．牛のスペアリブとジャガイモの炒め煮
8．エビと豆腐、ダイコン、シイタケのスープ
9．蒸しカニ

写真7　前夜のうちに1つ1つ油香を揚げる

写真8　泉州の油香は形が異なる　　　　　写真9　講話会の様子

　　　　10. 甘いピーナッツスープ、ケーキ
作り手　料理店に発注
　　　　肉は清真寺から提供
配膳と食具
　　　　●料理は大皿と大碗
　　　　●果物と油香はテーブルに直置き
姿勢　丸テーブルとプラスティック製腰掛け
参加者　回族事務委員会、老人会、各地の親族関係者、地元回族ムスリム
席の配置
　　　　18席設置、男女の別

　祠堂では10時頃から、民族の祭日を祝う講話会が開かれた。会では留学生代表として、アラビア語と普通語で青年によるクルアーンの詠唱も行なわれた(写真9)。

　この会食は地元の回族と招待者の客をもてなすもので、海鮮を中心に宴席が40席、料理店に外部発注された。調理は、清真寺の庭で行なわれた。新鮮な牛のスペアリブと牛肉をそれぞれおおよそ80斤ずつ清真寺から提供した(写真10〜13)。

　最後の菓子と甘いスープが机に置かれるあたりで参加者は次々と席を立ち始め、会食時間は小1時間程度であった。

第3章　食の風景　95

写真10　包装された前菜の盛り合わせ　　写真11　ビーフン

写真12　ハタ類のスープ　　写真13　エビと豆腐のスープ

宗教の祭日、民族の祭日

　祠堂で行なわれるラマダーン明けの祭日の会食では、同じ食卓を共有しながら異なる形で経験されているように思われる。

　ムスリムたちにとっては、断食の終わりを祝うイスラームの祭日である。アラビア語学習でかつて福建省を出て中国各地のアラビア語学校や清真寺でイスラームを学んだ青年たちの中には、現在、礼拝を行なわない場合もあるが、友人たちとの旧交を深めたり、清真寺管理委員会のメンバーとして奔走する日でもある。

　ムスリムでない地元回族にとっては、ラマダーン明けの祭日に集まり、共食することは、宗族のつながり、民族事業の達成を共有しあう宗族と民族祭日である。日常的には被ることない白帽を身につけることにもあらわれる。肉は清真寺される清真肉を使うが、メニュー構成は地域の料理となっている。

3. 料理店での食事

誕生日

　数えで16歳の誕生日の祝いの夜は親戚一同を招いてのホテルのレストランでの会食だった。姻戚を含めて親族大集合である。ホテルの入り口には大きなバルーンで門が設置された。ホスト側なので入り口ロビーで客を迎え、客が揃ってから会場へ移動した（写真1）。

　会場内では、飲み物と小皿をつまみながら開宴を待つ。18:00過ぎ、司会者のアナウンスと音楽とともに梅春たち家族が入場した。マイクで挨拶をしてから、家族4人でケーキ入刀のセレモニー。私は宴会の規模の大きさと演出の派手さにただただ驚くばかりだった（写真2）。

　一度、乾杯をはさんで、次から次へと料理が出てくる。1時間半ほどの宴会で、湯圓と猪油粿が食卓に上がると人びとは帰り支度を始めた。

写真1　会場のホテル入り口で招待客を迎える　　写真2　親族が見守る中、家族でケーキ入刀が行なわれた

時　　　2010年2月28日（日）17:00過ぎ～20:00前
場所　　ホテルのレストラン（青陽）
食卓に並んだ物
　　　1．4つの小皿（クラゲ、マメ、小魚、ダイコンと干梅）
　　　2．涼菜の盛り合わせ（クラゲ、蒸し鶏、ウナギ、チャーシュー、豚足）

第3章　食の風景　　97

3．フカヒレスープ
4．蒸しエビ
5．煮込み麺
6．螺肉とタロ芋
7．魚の姿蒸し
8．ナマコと冬瓜入りカボチャの羹
9．蒸し蟹
11．キノコとハトのスープ
12．果物（レンブー）と揚げ物
13．湯圓と猪油粿（ティーウィーティー）
14．ジュース、ワイン

写真3　回転式丸テーブルの上のツブ貝とタロ芋

配膳と食具
- 順番に料理が出てくるコース（時系列展開）
- 1人ずつの小皿、碗、箸、匙、醤油の入った小皿、コップ
- 小皿は碗の下に敷いたまま、碗に料理を入れ、小皿にはエビの殻など食べかすを置く

席
- 回転台付き丸テーブル
- 壇上に男性席、女性と子ども席（梅春から見て祖父母、両親、父方の男兄弟とその妻子まで）それぞれ1つ
- フロアに招待客：男性の席、女性・子どもの席多数（席数不明）

参加者　姻戚も含めた親戚一同

料理内容について

　海鮮を中心とした宴席。フカヒレのスープには席が同じだった女性も喜びの声をあげた。螺肉はツブ貝の身を薄切りにして蒸したもの。タロ芋はすりつぶして固めた物でこの地域の特色的な食べ物のひとつである（写真3）。ナマコと冬瓜の羹は、くり抜いたカボチャの中に盛りつけられており、目にも鮮やかである（写真4）。蒸し蟹は、蟹の肉も甘く、何よりも蟹の下に敷き詰められた豆腐と揚

98　料理店での食事——誕生日

写真4　干しナマコをもどした羹

写真5　蒸し蟹

げ豆腐に旨味が染みこんでおり、それがうまい。隣の女性は、そればかりをえらんで食べていた（写真5）。クコの実が入ったキノコとハトのスープは、薄味で、コース料理の最後にふさわしい。スープの後に出た果物のレンブーと揚げ物。揚げ物は肉田麩を巻いて揚げたものだった。湯圓と猪油粿は、宴会の終わりを示すものである。小豆汁はほのかな甘さで、白玉団子とよく合う。猪油粿はモチ米をラードを用いて揚げ

写真6　宴の終わりを示す湯圓と猪油粿

た揚げモチで、砂糖がまぶしてある。同席していた中学生の女の子に、揚げモチの料理名を尋ねたところ、普通語でなんというのか、分からないとのこと。「閩南語でしかわからないけれど」と猪油粿の名前を教えてくれた。猪油粿は家庭でも作られる、祝いの日に欠かせない甘物である（写真6）。

特別な食事と乾貨

　16歳の誕生日という成人のお披露目が、親族一同が集まって行なわれた。通常の誕生日とは異なる、節目の宴である。ホテルのレストランでの宴会で順番に給仕される料理は、宴会の格式をさらにあげるものである。赤と金に彩られた祝いの空間は、この日の特別さを引き立てる。席数もさることながら、フカヒレとナマコといった海鮮の高級な乾貨の料理もあり、人びとの経済的な豊かさを感じさせられた。

第3章　食の風景　　99

清真料理

時　　　2010年2月27日（土）
場所　　晋江市内　回民飯店
食卓に並んだ物
　　　1．羊排火鍋
　　　2．焼き茄子
　　　3．羊の内臓の串焼き
　　　4．空心菜の串焼き
配膳と食具
　　　最初に鍋が設置され、焼き上がったものから並ぶ。
　　　卓上鍋、椀、箸
参加者　達発、私

写真1　羊のスペアリブの鍋スープ

「もともと知り合いだったんだけど、店ができてからは、誰か連れてくる時はここに来ているんだ」

　達発の案内で、青陽にある回民飯店にやってきた。新疆出身の回族が当時開いていた清真料理店で、ムスリムも安心して食べられるお店だ。達発曰く、中東料理の料理店は、値段が高く、味が単調なのでこちらの方が好きなのだという。

　羊のスペアリブで出汁をとった鍋は、ニンニク、ネギ、ナツメが入っており、花胡椒とトウガラシが聞いている。羊肉の団子はしっかり煮込み、薄切り羊肉と野菜は、しゃぶしゃぶの要領で汁に入れて熱し、固くならないうちに食べる。焼き物として、羊の心臓とレバー、空心菜、茄子も頼んだ（写真1〜3）。

「一番大切なのは"可口"なこと。これはムスリムもそうでない人も同じで、ムスリムであるかどうかは関係ない。どんな料理も作り方も素材も、口にあうかどうかだよ。僕たちムスリムも1回行ってみておいしければまた行くし、おいしくなければ、次からは行かないもの」

写真2　羊の各部と空心菜の串焼き　　　　　　　写真3　焼き茄子

　泉州市街区含め陳埭近郊では清真料理店が他の地域に比べて少ない。2009年春の時点では、泉州に大学の食堂を含めて6軒（うち1軒はウイグル料理）、青陽に7軒（うち外国料理が1軒）あり、幹線道路、バスターミナル、病院、学生街などの人が多く集まる場所で営業している。泉州、青陽の店舗の規模は比較的小さく、従業員も2～3人から10人未満である。こうした料理店は開店しては閉店し、非常に流動的である（写真4、5、6）。

　清真料理店がどこにあるかについては、ムスリム同士あるいは清真寺やインターネットの掲示板を介して情報を分け合っている。近年、さらにラーメン店が増えているとのことだ。[1]

　できあいのものを購入して持ち帰り、家で食べる場合には、清真料理店のテイクアウトが利用できるし、一部の清真料理店では電話による注文とケータリングを受け付けている。

清真肉の取扱について

　どのように清真肉を入手しているのか、店の主人に尋ねたところ、個人用ならばこの人に相談してみるといいと言って連絡先を紹介された。見るといつも世話になっている友人の1人のことだったので、後日、清真肉について教えてもらった。

　彼は、この地に暮らすムスリムの便宜のために、清真の肉や調味料の卸を副業

---

[1] 同じ福建省内でも厦門には、2009年の時点で200余りの清真ラーメン店がある［王 2009：138］のに比べても泉州近郊の清真料理店は少ない。2010年に青年と話したときは、陳埭周辺でも30軒はあると言っていた。ラーメン店が雨後の竹の子のように増えているのだという。

第3章　食の風景　101

写真4　清真料理店の看板（石獅）

写真5　清真料理店の店内（青陽）。奥に「本店は清真なので、食べ物の持ち込みはなさらぬよう、飲酒禁止、ご理解ください」の看板がある。

写真6　急速に数を増やしているラーメン店（泉州）

とするようになった。相手は地元在住のムスリムの個人と料理店である。自宅には牛肉用、羊肉とスペアリブ兼用の2つの大型冷蔵庫を置いている。扱っているのは①冷凍物と②新鮮なもの。

　①冷凍物は、西北地方や臨夏、内蒙古、青海、新疆、済南から出荷されたもので、広州・廈門・福州の卸市場あるいは内陸の企業から直接仕入れている。牛肉、羊肉、スペアリブ、鶏肉、餃子、トマトソース、鶏出汁、羊の腎臓・アキレス腱・足と内臓で、これらはムスリムの料理店やアラブ料理店、働きに来ているムスリムに売っている。

　②新鮮なものは鶏肉、羊肉を市場で購入し、アホンに依頼して処理してもらう。少し値が張るので、地元のムスリム、アラブ人、西北ラーメン店が購買層とのこと。

　清真の食材はなかなか手に入らなかったが、彼がこうして仲介することで以前に比べてずっと入手が楽になったとのことである。

　草原で生産量が制限されると値段があがる。また、時期と季節によっても値段が変動する。犠牲祭の前や、冬には羊肉の値段があがるという。犠牲祭では犠牲として羊の需要が増え、冬には羊肉が身体を補うことから値段があがる。羊肉には羊、綿羊、山羊があるが、この地域の人は山羊を好む。この地域では皮付きで肉を食べるのを好むという。

ハラール外国料理

時　　　　2011年2月20日(土)
場所　　　石獅市　トルコ料理レストラン
料理　　　ケバブ
配膳と食具　ナイフ、フォーク、スプーン
参加者　　ハーキムさん、私

　清真寺で知り合ったハーキムさんの事務所を尋ねた。ハーキムさんは、サンダルや靴の貿易会社を営んでいる。陳埭と妻子の住むアラブ首長国連邦を行き来する生活だ。

　もともとは広東省の広州と深圳に事務所をおいていたが、取引を重ねてゆくうちに、靴の生産地である陳埭の評判を知り、事務所を移転した。

　普段の食事は、市場で素材を買い、自分で料理をする。「中華料理もいいけれど、自分たちムスリムは食べてはいけないものがあるから少し難しい。でもここならシーフードを食べればいいし、たくさんある」

　外食では、清真とある中国料理か、ハラールと書かれた外国料理店を利用する。青陽には、ハラールの外国料理店は1軒しかないが、石獅にはパレスチナ料理、エジプト料理、トルコ料理、パキスタン料理などのムスリムが安心して食べることのできる外国料理店がある。

　ハーキムさんの案内で、石獅の礼拝場所とレストランを訪ねた。石獅は陳埭から車で南に40分ほどの距離にある商業の町だ。陳埭が靴の町とすれば、石獅は衣服の町である。靴と衣服、そしてさまざまな小物商品の集散地である。

　市内中心部を横断する八七路・九二路沿い、オフィスが集まる延年路・延年東路に囲まれた区画に数軒集まっている(写真1)。

　最初に連れて行ってもらったパレスチナ料理のレストランは、あいにく休みだったので、歩行街2階のトルコ料理の店に行くことになった。広々とした店内

写真1　中東料理レストラン
対が貼ってある（石獅）

写真2　ハラールと表記された
トルコ料理レストランの看板

には、大テーブルが並ぶ。南インド系の家族が会食をしていた。天井から下がるテレビでは、カタールの首都ドーハに本社のあるアルジャジーラの衛星放送がアラビア語のニュースを流していた（写真2）。

　メニューはトルコ語・中国語・英語の3ヵ国語で料理名が書かれている。すべての料理がフルカラーの写真付きである。スープ、朝ご飯、前菜、サラダ、魚と肉のグリル、サンドウィッチ、ピデ、ピザ、ご飯物。価格はスープが1人前15元、メインが45元〜70元ほど。

　ハーキムさんが注文してくれたのは前菜にレンズ豆のスープ、エクメック（パン）、前菜盛り合わせ。豆や野菜、ヨーグルトと香辛料を混ぜたペーストにパンを付けて食べる。それからメインにウズガラ・キョフテ（ラムの挽き肉を挽き割り小麦、香辛料と練った肉団子）とウルファ・ケバブ（ラムの挽き肉を香辛料と合わせて焼き串で焼いたもの）載せごはん。香辛料と焼いた肉の香ばしさ（写真3、4）。

　「イラクでは……普段はいい人だが、いったん事が起きたら、友人でも仲良しでも殺しあったんだ……」。身を守るためですか、とたずねると「いや、違う。復讐。ブラインドリベンジだ。エミレーツは平和で安全、だから外国人がたくさんいる。暮らしやすい。とにかく安全なんだ」

　店長はリビア出身の青年である。まだオープンして数ヵ月だが、店は順調だと

104　料理店での食事——ハラール外国料理

写真3　店内のテレビにはアルジャジーラが流れている。トルコのパン、エクメック。奥で働くのはトルコ人シェフたち。

写真4　ウルファケバブとゴハン、焼き野菜と生野菜

いう。店内から見える厨房ではトルコ人シェフが料理をつくっていた。料理の配膳は、スカーフを身に纏った回族の若い女性が行なっていた。内陸の寧夏回族自治区生まれの彼女はマレーシアのイスラーム国際大学に1年留学していたことがあり、英語も話せる。国籍が異なる人びとが、中国の小さな町でともに働いている。

食後、石獅の礼拝場所を尋ねた。トルコ料理レストランの裏の高層マンションの中階にエレベーターで上がった。扉付近には、そこが礼拝場所であることを示す表示はない。

扉を開けると緑の絨毯が敷かれた広い空間が広がる。室内に階段があり、上のフロアも礼拝場所だという。イマームは留守だった。入り口には、レストランやハラール肉販売のチラシが置かれ、情報が共有できるようになっている。壁には国際ムスリム幼稚園の募集チラシが貼られていた。

礼拝場所での活動に参加するムスリムは礼拝場所を「私たちの清真寺」と呼ぶ。中国では、宗教活動の場所を公式に登録することが義務づけられており、こうした礼拝場所は公式には清真寺ではない。あるイマームは、礼拝場所を清真寺と呼ぶことを避け、ときに戒める。こうした配慮は、現在の中国において、ムスリムのコミュニティとネットワークの核となる場所である清真寺と礼拝場所の維持と活動にとってなくてはならないものなのだろう。

第3章　食の風景　105

あとがき

　はじめて陳埭を訪れたのは1997年の夏だった。清真寺は無人だった。清真寺にはたどり着けたものの、道に迷って帰れなくなっていた。通りかかった地元の女性が、「バイクで泉州までおくってあげる、とりあえず暑いから涼もうか」と家に連れて行ってくれた。石造りの2階建ての家は夏の蒸し暑さにもかかわらず、ひんやりとしていた。ビーフンをご馳走になって泉州まで送り届けてもらったのだった。
　翌春、2度目に訪れた清真寺で、本書に登場してもらった地元のムスリム青年たちに出逢い、以来10数年のつきあいになる。
　当時は、教長楼に寝泊まりさせてもらった。「明日の朝に食べてね」と友人が教長楼での夕食に残った白ゴハンで、サツマイモの粥をコトコトと煮てくれた。その後ろ姿が今も目に浮かぶ。
　日中は中庭に机と椅子を出してお茶を楽しんだ。誰かの家にお邪魔をしてお茶をしながらテレビを見たり、ごはんを食べたり。夜涼しくなってからは中庭でバドミントンをして汗をかき、観音誕生日には村の舞台で地方劇を見に行き、道端の牛肉煮込みを買って夜食を食べた。
　ちょうど内蒙古や雲南、河南など他省のアラビア語学校や清真寺でのアラビア語学習班に参加した青年たちが、故郷に帰ってきた頃だった。中学を卒業してから働き始めるまでの時間のある時期だったこともあるだろう。1日一緒に遊んだり、話を聞かせてもらったり、運がよかったのだと思う。
　当時10代半ばから20代前半だった友人たちも、今は結婚して父となり、母となっている。お世話になった高齢の方の中にはすでに鬼籍にはいられた方もある。出会った当初の清真寺は、アホンは招聘されておらず、青年たちが自分たちで礼拝をし、食事を作っていた。2000年頃からは、何人か入れ替わったが内陸出身のアホンが常駐するように

なり、地元のムスリム青年に加えて、国内の内陸出身の回族やウイグルなどの少数民族のムスリムや外国人ムスリム集まる場へとなっている。

　本書のもとになったのは、1997年から2011年までに断続的に行なってきた陳埭でのフィールドワークである。中華料理に関する膨大な研究蓄積や本、地方や少数民族の「伝統食品」についての本はたくさんあっても、実際に、人びとが日常生活の中で、どんなリズムで具体的に何をどのように食べているのかについては、なかなか知ることができなかった。
　本書では、食卓の場面を1つ1つ切り取って、食事の場ごとに記述してきた。食事の場を構成する要素として、食べ物の内容とともに時間帯や所要時間、人物の背景、セッティングなどを含めるように、できるだけ努力したつもりである。そこで食べる食べ物、交わされることばやふるまいを含めたやりとり。場に注目してみると、1度として同じ食事、同じ味はないのだ。本書は、こうした1回限りの食事行動をいかに描くかの試みでもある。もちろん、本書でとりあげたのは一部の事例であって、網羅的でも、総括的でもない。また情報のばらつきや不十分さがあるのは、ひとえに私の力が足りなかったからである。ぜひご意見いただけたらと思う。
　食卓を通して、人もモノも世界とつながっている。加速する人とモノ、そして情報の移動と広がりの中で、ともすれば異なる価値観の対立が注目されるが、地域での暮らしでは、宗教ひとつをとっても仏教、道教、民俗信仰とキリスト教、イスラームといくつもの信仰体系が溶け合い、共存している。
　異なる価値観が、併存したり、混ざり合ったり、すり合わせたり、対立したり、そのやりくりが、食事というごくごく日常的な当たり前の行為からも立ち上がってくる。たとえ断片的であっても、地域や宗

教、民族、国籍など背景の異なる人びとがともに食べ（ときに食べない）、ともに暮らす地域のあり方の一端を垣間見てもらえたら嬉しい。

　なお、本書の一部は『アジア学のすすめ　第2巻──アジア社会・文化論』（村井吉敬編、弘文堂、2010）や「回族の食実践とイスラームの記憶：中国・福建省の事例から」（『歴史と地理　世界史の研究』619(217)：53-57、2008）、2007年に博士（文学）を授与された学位論文（「コミュニケーションとしての食べ物と食事──中国東南沿海部・回族の民族誌的記述から」）の内容と重複する。
　本書のもととなったフィールドワークは、それぞれいくつかの研究プロジェクトへの研究協力者あるいは分担者として参加させていただいたことで可能になった。記して謝意を示したい。

- 財団法人高梨学術奨励基金平成14年度研究助成
- 早稲田大学文学研究科21世紀COEアジア地域エンハンシング研究センター
- 平成17-19年度日本学術振興会科学研究費補助金基盤研究（B）「中国ムスリムの宗教的・商業的ネットワークとイスラーム復興に関する学際的共同研究」（研究課題番号：17320141）代表：松本光太郎准教授（東京経済大学）　研究協力者
- 平成20-23年度日本学術振興会科学研究費補助金基盤研究（B）「中国朝鮮族と回族の民族教育と民族アイデンティティ形成に関する総合的研究」（課題番号20320113）代表：松本ますみ教授（敬和学園大学）研究協力者
- 人間文化研究機構地域研究推進事業NIHUプログラム「イスラーム地域研究」早稲田大学イスラーム地域研究機構［拠点代表：佐藤次高教授（当時）］

今回の執筆にあたり、あらためてノートと写真などを見直していて自分がいかにたくさんの方々にお世話になってきたか、そして今もなっているのかをつくづく感じている。1人1人お名前を記すことはできませんが、深くお礼を申し上げます。
　現地の友人たち、家族、関係者の方々に心から感謝します（なお、本文中の名前は仮名としました）。

　本書は、『ワセダアジアレビュー』（早稲田大学アジア研究機構発行）の第1号から連載してきた「食から見るアジア」および「アジアを食べる＠早稲田界隈」を元に企画し、同誌の別冊として、早稲田大学アジア研究機構の助成金を得て発行することが可能になった。
　早稲田大学アジア研究機構のみなさま、とりわけ事務所の吉岡邦子さん、そして編集の桑原晨さん、レイアウト・装丁の臼井新太郎さんに大変お世話になりました。心から御礼申し上げます。

砂井　紫里

主要参考文献

●日本語

石毛直道
　1985『論集 東アジアの食事文化』平凡社。
石毛直道・小山修三・山口昌伴・栄久庵祥二
　1985『ロスアンジェルスの日本料理店』ドメス出版。
王柯
　2011「経済開発と「民族」の役割の再発見：「陳埭回族」の事例を通じて」『中国21』34:49-70。
　2012「中国南部ムスリム社会における「宗族」の成立と「漢化」：「陳埭回族」の事例を通じて」『現代中国研究』30:1-27。
　2013「「民族的」戦略の限界と公共性：ある中国沿海部ムスリム社会の「改革開放」」『近代』106:1-27。
澤井充生
　2004「羊肉料理が伝えるイスラーム：中国に根づいた回族の食文化」『Vesta』54:52-57。
周達生
　1989『中国の食文化』創元社。
　2004『中国』（世界の食文化2）、農山漁村文化協会。
西江雅之
　1986「『食べ物』と言語調査」『言語』15(2):86-91。
　2005「「食」の課外授業』平凡社。
　2010『食べる』青土社。
藤本勝次編
　1979『コーラン』藤本勝次・伴康哉・池田修訳、中央公論社。
堀内勝
　1992「イスラームと食」熊倉功夫・石毛直道編『食の思想』pp.101-118、ドメス出版。
ミンツ、S.（Mintz, S）
　1988（1985）『甘さと権力』川北稔・和田光弘訳　平凡社。
レヴィ＝ストロース、C（Levi-Strauss, C.）
　1968（1962）「料理の三角形」西江雅之訳『レヴィ＝ストロースの世界』pp.41-63、みすず書房。

●英語

Chang, K.C. (ed.)
　1977 *Food in Chinese Culture: Anthropological and Historical Perspective.* New Heaven and London: Yale University Press.
Douglas, M.
　1993 (1975) Deciphering a Meal. In *Implicit Meanings.* pp.249-275. New York and London: Routledge.
Gillette, M. B.
　2000 *Between Mecca and Beijing: Modernization and Consumption among Urban Chinese Muslims.* California: Stanford University Press.
Gladney, Dru C.
　1996 (1991) *Muslim Chinese: Ethnic Nationalism in the People's Republic.* Cambridge: Harvard University Press.
Fan, Ke
　2001 *Identity Politics in South Fujian Hui Communities.* Ph.D. Dissertation to University of Washington.

Mintz, S.
　　1996 *Tasting Food, Tasting Freedom: Excursions into Eating, Culture, and the Past.* Boston: Beacon Press.
Richards, A.
　　1985(1948) *Hunger and Works in a Savage Tribe.* Westport: Greenwood Press
Sutton, D. E.
　　2001 *Remembrance of Repasts: an anthropology of Food and Memory.* Oxford and New York: Berg
Swislocki, M.
　　2009 *Culinary Nostalgia: Regional food culture and the urban experience in Shanghai,* Stanford University Press.
Watson, J. L.(ed.)
　　1997 *Golden Arches East: McDonald's in East Asia.* Stanford: Stanford University Press.

◉中国語

『陳埭丁氏回族史研究』編委会主編
　　1990『陳埭丁氏回族史研究』北京：中国社会科学出版社。
丁玲玲
　　2007「宗教信仰的多元化与泉州回漢文化融合」『経済与社会発展』5(5)：128-195。
丁顕操編
　　2003『陳埭回族社区歴史沿革与社会発展史』陳埭回族事務委員会。
丁毓玲
　　2005「泉州穆斯林後裔的歴史記憶和理性選択」『海交史研究』2005年第2期：30-41。
国家民族事務委員会政策法規司編
　　2006『国内外清真食品管理法律法規和政策匯編』北京：法律出版社。
藍炯熹
　　2003〈城市化进程的福建回族社区——以晋江市陳埭鎮回族七个村为例〉《回族研究》2003年第4期：27-32。
王平
　　2009「東南沿海城市清真食品工業現状及発展的調査分析：以福建省厦門市清真食品工業為例」『回族研究』2009年第4期：137-144。
呉幼雄
　　1993「泉州"普渡"民俗考談」福建省民俗学会・晋江市地方志編纂委員会『福建僑郷民俗——福建僑郷民俗学会研討会論文集』於・中国福建晋江市、pp.60-67。
楊懐中編
　　2010『中国回商文化(第2輯)』銀川：寧夏人民出版社。

砂井紫里［さい・ゆかり］SAI Yukari
早稲田大学イスラーム地域研究機構研究助手。
早稲田大学大学院文学研究科博士課程修了。博士（文学）。
文化人類学専攻。1997年から中国福建を中心にアジアの食事と食べ物についてのフィールドワークを行なっている。
論文：「アジアのイスラームへのアプローチ：食文化研究のフィールドから」（村井吉敬編『アジア学のすすめ 第2巻——アジア社会・文化論』弘文堂、2010年）、「日常食事とラオス料理」（ラオス地域人類学研究所編『ラオス南部：文化的景観と記憶の探求』雄山閣、2007年）など。

食卓から覗く中華世界とイスラーム
福建のフィールドノートから

初版第1刷発行　2013年3月25日

定価：2,500円＋税

著　者　砂井紫里 ©

発行者　桑原　晨

発行所　株式会社めこん
　　　　〒113-0033 東京都文京区本郷3-7-1
電　話　03-3815-1688
FAX　　 03-3815-1810
URL　　 http://www.mekong-publishing.com

ブックデザイン　臼井新太郎
印刷・製本　モリモト印刷

ISBN978-4-8396-0271-0 C3036 ￥2500E
3036-1307271-8347

JPCA 日本出版著作権協会 http://www.e-jpca.com/
本書は日本出版著作権協会（JPCA）が委託管理する著作物です。
複写（コピー）・複製、その他著作物の利用については、
事前に日本出版著作権協会（電話03-3812-9424、e-mail:info@e-jpca.com）の
許諾を得てください。